LETTRES

A M. Léon de Rosny

SUR

L'ARCHIPEL JAPONAIS

ET LA

TARTARIE ORIENTALE

Par le P. FURET

Missionnaire apostolique au Japon
Membre correspondant de la Société d'Ethnographie

Précédé d'une Introduction
Par E. CORTAMBERT

et

Suivi d'un Traité de Philosophie japonaise
& de plusieurs Vocabulaires

日本

PARIS
MAISONNEUVE & Cie, ÉDITEURS
15, quai Voltaire

MDCCCLX

LETTRES
SUR
L'ARCHIPEL JAPONAIS
ET LA
TARTARIE ORIENTALE

PUBLIÉ SOUS LES AUSPICES DE LA SOCIÉTÉ
D'ETHNOGRAPHIE.

CE VOLUME N'A ÉTÉ TIRÉ QU'A UN TRÈS PETIT
NOMBRE D'EXEMPLAIRES.
QUATRE SEULEMENT ONT ÉTÉ TIRÉS SUR PAPIER
VÉLIN ET NUMÉROTÉS.

Paris. — Typ. H. CARION, rue Bonaparte, 64

LETTRES

A M. Léon de Rosny

SUR

L'ARCHIPEL JAPONAIS

ET LA

TARTARIE ORIENTALE

Par le P. FURET

Missionnaire apostolique au Japon
Membre correspondant de la Société d'Ethnographie.

Précédé d'une Introduction
Par E. CORTAMBERT

et

Suivi d'un Traité de Philosophie japonaise
& de plusieurs Vocabulaires

PARIS
MAISONNEUVE & Cie, EDITEURS
15, quai Voltaire

MDCCCLX

INTRODUCTION.

Vers l'extrémité orientale de l'ancien monde, s'étend un empire très-civilisé, très-industrieux, très-lettré, qui est, à l'égard de l'Asie, ce que sont pour l'Europe les îles Britanniques, situées à l'extrémité opposée du même monde. Cet empire est celui qui a reçu le beau nom de région du *Soleil levant* (*Nippon* ou *Ji-pen*, dont nous avons fait *Japon*). Le cœur de ce florissant État, l'archipel Japonais proprement dit, se compose de trois îles : Nippon, qui donne son nom à tout l'empire, l'île de Kiou-siou, enfin celle de Si-kok. Au nord et au sud de ce Japon proprement dit, se trouvent les îles qui en sont comme les annexes : d'un côté, l'île de Yéso, et la partie méridionale de l'île de Sakhalièn ; de l'autre, l'archipel Loutchou, sur lequel la Chine exerce aussi une espèce de suprématie, plutôt nominale que réelle. Ces îles du nord et du sud sont comme les abords et les portes du Japon : il faut les connaître avant d'entrer dans celui-ci. C'est donc, en quelque sorte, une introduction à la géographie et à l'ethnographie japonaises qu'on présente aujourd'hui au public dans cet ouvrage, composé, en grande partie, des lettres d'un zélé missionnaire attaché à nos dernières expéditions dans les mers de l'orient de l'Asie.

On y verra d'abord des détails géographiques et ethnographiques sur la grande Lou-tchou, dont les habitants sont depuis longtemps renommés par leur douceur, leur hospitalité, leur aimable civilisation. A travers quelques restrictions qui s'appliquent particulièrement aux mandarins, on aime à voir confirmer, par la lettre franche et naïve du missionnaire, les nobles penchants et les vertus de cette intéressante population.

Le pieux correspondant nous parle ensuite de la ville et des habitants de Hakodadé, située sur la côte méridionale de la grande île de Yéso, et l'un des ports du Japon ouverts aujourd'hui aux Européens et aux Américains. Cette place, appelée à un bel avenir commercial, se trouve sur le détroit de Mats-mayé ou de Sangar, qui, séparant Yéso du Nippon, unit la mer du Japon au Grand-Océan. On verra, dans cette partie de la narration, un curieux chapitre où sont expliqués les premiers rapports des commandants des navires de guerre français, avec les autorités indigènes au moment où les traités allaient nous ouvrir les ports japonais.

Le missionnaire sortant un moment des domaines du Japon, s'arrête à la baie du Barraconta ou de l'Empereur-Nicolas. située sur la côte de la Mandchourie, c'est-à-dire sur la côte du continent, au milieu des nouvelles acquisitions des Russes sur le territoire chinois ; la description de cette baie et des populations du voisinage est d'autant plus précieuse, que jusqu'ici ce point de l'Asie était resté à peu près entièrement inconnu.

La baie de Joncquières, sur la côte occidentale de l'île de Sakhalièn, n'est pas plus connue de la plupart des lecteurs, qui liront avec intérêt la peinture des mœurs et de la nature dans cette région reculée.

Comme ces lettres sont principalement destinées à faire connaître l'état moral des populations visitées par notre mission--

naire, l'éditeur a cru qu'elles seraient convenablement accompagnées du *Manuel de philosophie japonaise*, manuel traduit pour la première fois en français, et qui peint, mieux que la plus complète description de voyage ne pourrait le faire, les mœurs et l'esprit de ces peuples remarquables. Il respire une sagesse douce et sereine, qui, indépendamment des Japonais, pourrait éclairer et guider très-profitablement les Européens eux-mêmes.

Des vocabulaires des indigènes de Sakhalièn, de Yéso, de la Corée, etc., terminent cet ouvrage et seront reçus avec plaisir par les nombreux amis de la linguistique.

Ce petit volume sera donc, nous l'espérons, utile au public et à la science : c'est un des premiers livres publiés sous les auspices de la *Société d'Ethnographie*, qui cherche, par tous les moyens et avec un zèle actif et persévérant, à répandre la connaissance approfondie de tous les peuples de la Terre, et, par suite, à avancer leur amélioration et leur fraternelle union.

E. CORTAMBERT.

Vice-Président du Conseil de la Société d'Ethnographie.

LA GRANDE

ILE LOU-TCHOU

LA GRANDE ILE LOU-TCHOU

[MER DU JAPON]

Hong-kong, 12 octobre 1855.

La grande île Lou-tchou est la partie la plus importante du royaume du même nom, composé : 1° des îles *Lou-tchou;* 2° des îles *Amakirrima;* 3° des îles *Madjikosima.* Dans la grande île se trouve Chouï, capitale du royaume, et résidence du roi; elle est située sur une colline, à quatre kilomètres du port de Nafa ou Napakiang. Si les mandarins, nos professeurs de langue, ne nous ont pas trompés, il y aurait dans cette île une douzaine de villes grandes et peuplées. D'après la connaissance que nous avons des mandarins, je crois pouvoir assurer qu'ils n'ont pas exagéré. Je ne connais pas encore assez le pays pour me permettre de fixer le chiffre de la population soit de Chouï, soit de Nafa; seulement, je crois pouvoir assurer que ces populations sont très-nombreuses, à en juger par la multitude d'enfants qui remplissent les rues. La population de l'île doit être de deux cent à deux cent cinquante mille habitants : je ne saurais préciser davantage, parce que les indigènes et les mandarins surtout font restriction sur restriction, mensonge sur mensonge, lorsque nous les interrogeons sur leur pays. Les petites îles Amakirrima, situées à six ou sept milles de Lou-tchou, sont très-peuplées et bien cultivées.

Le royaume de Lou-tchou est-il indépendant? — Non, assurément. — De qui dépend-il ? — Les Lou-tchouans prétendent qu'ils ne dépendent que de la Chine : il n'en est cependant pas moins certain qu'ils dépendent surtout du Japon. La Chine aurait ostensiblement *l'honneur* de la dépendance, tandis que le Japon en percevrait furtivement *les fruits*. L'embarras évident des mandarins, questionnés sur le Japon et sur leurs relations avec ce pays, était pour nous une preuve suffisante de leur dépendance. De plus, à notre arrivée dans la grande île (2 mars 1855), nous vîmes, dans le port et près du fort, deux barques japonaises; trois ou quatre jours plus tard, elles avaient disparu, sans doute pour aller annoncer au Japon que trois missionnaires français venaient de débarquer à Nafa.

Malgré les difficultés de la *politique d'exclusion* du gouvernement, l'intelligent capitaine qui nous avait amenés à Nafa avait éveillé la curiosité et jeté l'inquiétude dans l'esprit des mandarins en leur disant que l'amiral français viendrait peut-être les voir en allant au Japon. L'empressement avec lequel ils demandèrent quand cet amiral irait au Japon?..., avec combien de vaisseaux?..., dans quel port?..., pour quel motif?.., prouve évidemment que le Japon ne leur est pas indifférent. D'ailleurs, pendant les deux jours qui suivirent notre installation dans la bonzerie d'Amikou, plusieurs mandarins nous firent répéter à plusieurs reprises et écrivirent soigneusement les réponses qui leur avaient été données concernant le Japon. Les barques japonaises partirent après ces renseignements.

Il y a un roi à Chouï : il est mineur. Sa Majesté et le régent sont sous l'influence de quelques mandarins japonais qui ne sont pas avoués comme tels aux yeux des étrangers.

Je crois ne pas me tromper en affirmant que le premier ministre et interprète Itarachi est un de ces Japonais. Ce ministre est le *factotum* lorsqu'il arrive des étrangers. C'est lui qui soutient en tout et toujours la politique japonaise ; c'est lui qui semble dire au régent lui-même ce qu'il a à faire, quoiqu'il ne paraisse être qu'un interprète. Aucun des mandarins n'ose dire un mot lorsqu'il parle, et je retrouve en lui les traits et toutes les manières des mandarins japonais que j'ai vus à Nagasaki.

S'il faut en croire un Japonais que j'ai connu à Hong-kong, le royaume de Lou-tchou serait une propriété du prince de Saxama, et fournirait au Japon les plus belles cotonnades.

Le désir de connaître les lois du royaume nous fit demander un jour à nos maîtres s'il serait possible de nous procurer leur Code. Une réponse négative ne se fit pas attendre longtemps. — Cependant, disions-nous, pour que nous puissions nous conformer à vos lois et pour éviter de donner le mauvais exemple en ne les observant pas, il est nécessaire que nous les connaissions. — Oh ! non, pas nécessaire, pas nécessaire, disait l'un d'eux ;

les étrangers n'ont pas besoin de connaître nos lois. Je ne connais donc rien des lois de Lou-tchou; je sais seulement que la police s'y fait avec une vigilance et une sévérité extrêmes, et que le pauvre peuple est l'esclave des nombreux mandarins qui passent le temps à fumer et à boire le thé. S'ils travaillent, c'est pour étudier la langue chinoise qui paraît être la langue officielle. Le gouvernement tient tant à ce que les étrangers ne connaissent rien de ce qui concerne leur pays, que nos mandarins prétendent ne savoir ni parler ni écrire le japonais! Nous dûmes mettre en jeu la vanité d'un jeune écolier de quinze à seize ans, pour lui faire écrire son nom et les nôtres en caractères *kata-kana*, et pour prouver ensuite à nos maîtres qu'ils étaient des menteurs, sans toutefois compromettre notre savant écolier.

La langue de Lou-tchou est un dialecte de la langue japonaise, caractérisé par des terminaisons et une prononciation différentes. Les verbes, du moins dans la langue parlée, se terminent en *iong* (*ng* est un son nasal), *iiong*, *chong*. Par exemple : *tsoukouyong* « faire »; *nousiyong* « faire monter »; *ikouchong* « prévenir ». Le futur a aussi une forme particulière; exemple : *tsoukouroudi chong* « je ferai »; *ikkoudi chung* « j'irai »; *ami fouyong* « il pleut ». J'ai toujours entendu nos maîtres employer *waga* comme pronom de la première personne, et *yaga* et *yaya* pour le pronom de la deuxième.

Je ne sais si les Lou-tchouans, dans leurs relations avec leurs compatriotes, font un grand usage du mensonge; mais on dirait (et je suis tenté de le croire) que le gouvernement a dit à ses sujets : « Trompez les étrangers, et, pour les tromper, mentez et mentez encore... » Aussi, croiriez-vous, cher monsieur, que je suis arrivé deux fois à l'improviste au milieu du marché de Nafa, et qu'en y regardant de tous mes yeux, je ne pus apercevoir une seule pièce de monnaie. J'ignorerais complétement que ce peuple se servît de monnaies, si je n'avais pas trouvé une sapèque, semblable à celles de Chine, dans les salines qui séparent le gros village de Tumaï de la ville de Nafa.

Un mandarin me soutenait qu'à Lou-tchou il n'y avait pas d'argent, pas même de sapèques.

— Tu es un menteur, lui dis-je, car en voici une que j'ai trouvée dans les salines.

— Ah ? oui..., répondit-il, nous en avons..., *mais bien peu !*

J'ignore s'ils ont des pièces d'argent. Les Japonais en ont qui sont triangulaires ; j'en ai vu une du poids d'une demi-piastre environ.

Vous êtes peut-être étonné qu'un mandarin ne m'ait pas proposé un duel, lorsque je lui fis l'injure de l'appeler *menteur ?* Ne craignez pas : les Lou-tchouans, plus raisonnables sous ce rapport que bien des Européens qui n'ont pas le courage de supporter un mot et qui sont assez fous pour trouver dans ce cas de l'honneur à tuer ou à se faire tuer, savent accepter le titre de menteur aussi facilement qu'ils savent le mériter. C'est ainsi que plusieurs fois il nous est arrivé de prouver honnêtement à des mandarins qu'ils étaient des menteurs ; alors, au lieu de se fâcher et de faire la mine, ils se regardaient en souriant et disaient : « Sont-ils habiles ces Français-là, ils devinent tout ! »

Le caractère grave et pacifique des Lou-tchouans est vraiment remarquable ; s'ils traitent une affaire difficile, dans laquelle ils auraient droit de parler en maîtres et de s'animer, ils ne sortent jamais des bornes de la plus grande convenance ni dans leurs paroles ni dans le ton et les manières. Pendant deux mois et demi je n'ai vu et entendu qu'un seul individu se fâcher et crier. D'ailleurs les bonnes et vénérables figures des habitants, surtout celles des vieillards qui sont nombreux, m'indiqueraient suffisamment que la passion de la colère, qui défigure si souvent les traits de l'homme, leur est généralement inconnue; tandis que la bonté et la prévenance feraient, pour ainsi dire, le fond de leur nature. Si les étrangers ont à se plaindre de quelques petites taquineries, s'ils voient encore fuir devant eux les insulaires, surtout les femmes, il ne faut s'en prendre qu'au gouvernement.

Le costume de ce peuple diffère très-peu de celui des Japonais. Comme ces derniers, les Lou-tchouans rasent une partie de leurs cheveux et ramènent les autres en toupet fixé sur le sommet de la tête avec de grandes et fortes aiguilles à étoiles en or, en argent ou en alliage moins précieux, suivant la position sociale de chaque individu. Les Lou-tchouans rasent le haut de la tête en forme de tonsure, tandis que les Japonais rasent le sommet et le devant jusqu'au front. Si quelques dames françaises allaient à Lou-tchou, elles pourraient être mortifiées en voyant les hommes leur faire concurrence pour les soins accordés à la chevelure; tandis que les femmes (du moins celles du peuple), qui conservent tous leurs cheveux, se laissent aller à une négligence qui ne saurait relever leurs traits bien communs, pour en faire des beautés. Ajoutez, à cette chevelure trop négligée, une espèce de robe de chambre en coton, souvent sale, ouverte par devant, descendant jusqu'au mollet, et vous pourrez dire, sans vous tromper, que bien des Lou-tchouanes doivent être dégoûtantes à voir. Le pantalon, la chemise et les bas sont des objets de luxe que les mandarins même ne se permettent que dans de grandes circonstances. Les hommes n'ont ordinairement qu'une robe comme celles des femmes, mais plus longue et fermée par une ceinture, de sorte qu'ils ne sont pas obligés, comme ces dernières, d'avoir toujours les mains à la robe pour la faire croiser par devant et pour soustraire à la vue des promeneurs le sale langouti qui recouvre leur nudité.

Les chaussures ne sont pas plus brillantes que les habits. Ce sont des espèces de sandales en paille seulement, ou bien en paille avec une semelle en bois plus ou moins épaisse. Ces souliers sont retenus par une espèce de corde également en paille passant par-dessus le pied, et par une cheville fixée sur la semelle et supérieurement à la corde, de manière à se trouver entre le gros orteil et son voisin.

Au Japon, on voit un grand nombre d'hommes et de jeunes gens portant le sabre et le poignard, tandis qu'à Lou-tchou tous sans exception marchent sans armes. D'ailleurs, il n'y en a pas dans l'île, si l'on en croit les mandarins. Je n'en ai jamais vu. Néanmoins, le fort de l'entrée de la petite rivière de Nafa semble avoir été préparé pour en recevoir. Ce faible peuple, ne pouvant compter sur la force pour se défendre, a cru que sa faiblesse et sa pauvreté réelle ou supposée lui serviraient d'armes contre les étrangers.

..... L'île me paraît très-accidentée, sans avoir de grandes montagnes, excepté dans le nord où nous en apercevions une assez élevée; ce serait dans cette partie que se trouveraient des habitants moins civilisés, que ceux de Chouï et de Nafa appellent *sauvages*.

La température doit être favorable à la santé. Depuis le 1er avril jusqu'au 5 mai, le thermomètre *à minimâ* n'est pas descendu au-dessous de 14° centigrades, et le thermomètre ordinaire n'a pas dépassé 28°, 4'. D'ailleurs, le froid doit être bien modéré pendant l'hiver, puisque, au commencement de mars, on récolte des patates.

Je ne puis vous donner une idée plus juste de la campagne que je connais, qu'en vous disant que c'est un *beau jardin anglais.* Les allées de ce jardin, il est vrai, ne sont pas toujours unies et sablées; elles sont, au contraire, assez souvent rudes et rocailleuses; mais la beauté et la variété des sites font vite oublier cet inconvénient. Les collines nombreuses couronnées par des bouquets de pins ou de sapins qui abritent les petites plaines fertiles qui sont à leurs pieds; les graves tombeaux qui se trouvent généralement en grand nombre sur les flancs de ces collines; la plaine couverte de travailleurs, et si bien cultivée, que les Lou-tchouans n'ont pas besoin, ce semble, de recevoir des leçons d'agriculture de la part des Européens; ces vastes bosquets dispersés çà et là, qui, au milieu des bambous, des grands arbres et arbrisseaux dont les fleurs répandent au loin d'agréables parfums cachent une infinité de maisons et une population nombreuse circulant dans ces grands villages par des allées d'une propreté remarquable ; tout cela fait des campagnes de Lou-tchou un véritable jardin royal.

La ville de Nafa et le village de Tumaï ont aussi leur genre de beauté. Les murailles qui y sont construites prouvent en faveur de l'adresse et de la patience des habitants..... Réunissez des pierres de toute grosseur, les plus irrégulières que vous puissiez imaginer, puis dites à un maçon de faire avec ces pierres, et sans mortier, un mur solide et tellement uni qu'il paraisse pour ainsi dire avoir été poli avec une pierre-ponce ; voilà le problème qu'ont parfaitement résolu les Lou-tchouans. Ces murs si propres, et les petites charmilles décorées de chèvre-feuille et si soignées qui les couronnent, semblent indiquer que le gouvernement exerce une grande influence sur ces embellissements des voies publiques et des jardins particuliers. Quant à l'intérieur des maisons, situées derrière ces murs, il ne répond pas à l'extérieur.

Pour vous donner une idée de la Flore de Lou-tchou, il me suffira de vous nommer le pêcher, le grenadier, le papaya, le bananier (que l'on cultive surtout pour la toile), le mûrier, le buis, le sureau, diverses variétés de rosiers, le camélia rouge, lequel est très-élevé (5 mètres environ); le groseiller d'ornement, les mauves rouge et jaune en arbre, le bambou, quelques cocotiers, l'*Areca*[1], le **Pandanus**[2]. L'oranger y est très-commun : il se trouve même dans la campagne ; il y en a une espèce qui donne des oranges d'une grosseur prodigieuse. J'en ai mesuré une qui n'avait pas moins de 0^m,325 de circonférence; les trois autres qu'on nous avait apportées approchaient de cette grosseur.

Parmi les arbres les plus rares, on distingue surtout celui que nous appelons, à Hong-kong, *arbre à pagode*. Plusieurs de ces arbres toujours verts, se font remarquer par la grosseur et la forme étonnante de leur tronc, par leurs racines innombrables, qui serpentent au loin sur la surface de la terre, et par leurs racines aériennes desséchées qui

---

[1] *Areca*, Linn., arbre de la famille des Palmées, de Linné.

[2] *Pandanus*. Trois espèces seulement de ce genre appartenant à la famille des Broméliacées sont connues dans l'Asie orientale. Ce sont : le *Pandanus humilis*, le *P. integrifolius* et le *P. lœvis* de Loureiro, qui dépendent plus spécialement de la Flore cochinchinoise que de toute autre. Aucune espèce de Pandanus, que je sache, n'a encore été décrite dans les Flores du Japon.

forment souvent des paquets d'un très-gros volume. A côté de ces arbres vigoureux, on trouve souvent une espèce de laurier très-touffu qui atteint une hauteur de 12 à 15 mètres. Mais le plus remarquable, sans contredit, de tous les arbres à fleurs un peu apparentes, est une espèce appartenant à la famille des papillonnacées. Quand il est dépouillé de ses feuilles, qui ressemblent à celles de quelques haricots, il offre par la disposition de ses branches l'aspect d'un gros noyer et a la couleur de la peau ; il porte de petites épines et son bois est très-cassant. Ses fleurs, d'un beau rouge, plus grandes que celles du Marronnier d'Inde, sont disposées en couronne au nombre de cinq, six, ou huit grappes à l'extrémité des branches encore dépourvues de feuilles.

Parmi les plantes herbacées, on distingue le Lis blanc, la Balsamine, l'OEillet, la Chrysanthème, le Sedum, la Violette, le Mouron bleu[1], le Plantain, l'Oxalis, le Poly-

---

[1] L'*Anagallis cœrulea*, Lamm., dont il est probablement ici question, se rencontre aussi au Japon. *Thunberg* l'a mentionné dans sa *Flora japonica* sous le nom d'*A. arvensis*, Linn., qui peut être plus exactement considéré comme une variété de l'Anagallis à fleurs bleues.

gonum, le Polygonatum, l'Euphorbe, le Piment, le Convolvulus, et quelques belles labiées et orchidées.

Quant aux céréales, j'ai vu moissonner pendant le mois d'avril deux espèces de blé (barbu et non barbu); le millet ne faisait que commencer à pousser; les rizières avaient belle apparence, aussi bien que les plantations de cannes à sucre. Les patates (dont j'ai reconnu trois espèces) et le tabac sont d'une grande importance dans l'île. Les légumes sont beaux et très-variés : ce sont des choux, navets, carottes, bettes, épinards, laitue, fèves, haricots, petits pois, souci (qui se mange en salade), porreaux, petits ognons, gombo (espèce de Lappa ou Bardane dont on mange la racine), bambous, etc. Je ne dois pas passer sous silence une plante qui joue un grand rôle dans les disettes, et dont on ne mange beaucoup que dans ces époques. Je ne me rappelle pas malheureusement le nom de cette plante, et je n'ai pas de livre ici pour le chercher. C'est une espèce de petit palmier sans tige, à feuilles raides et à divisions fines et pointues. Cette plante existe en France comme plante d'ornement. Les habitants de Lou-tchou réduisent sa racine en petits morceaux minces pour les faire sécher au soleil; ils vont ensuite les laver à une eau courante et en font une espèce de fécule. On cultive aussi le *Papaver album*. Un Lou-tchouan m'a dit qu'on ne s'en sert pas pour faire de l'huile, mais seulement pour les cataplasmes.

La campagne, ordinairement remplie de travailleurs (hommes et femmes) et de gens qui vont au marché ou qui en reviennent, est aussi animée par la présence de quelques chevaux, vaches et chèvres. Les chevaux sont petits et servent de montures et de bêtes de somme ; mais on ne les emploie ni à labourer ni à traîner les voitures, attendu que, pour ce qui concerne le labour, tout se fait par les mains de l'homme, et que les voitures sont inconnues dans le pays. Les mandarins se servent de chaises à porteurs grossières et si incommodes que ceux qui s'y tiennent longtemps accroupis ont une espèce de mal de mer, ou plutôt de mal de chaise, appelé *djibounaie* par les habitants.

Le porc de petite taille et la volaille sont communs et de bonne qualité. Le gibier, au contraire, est assez rare ; néanmoins j'ai vu des cailles plus petites que celles de France, des perdrix, des tourterelles, des merles et des sansonnets, dont le mâle a un plumage riche et brillant. Je ne dois pas passer sous silence les deux cents cerfs ou antilopes qui habitent les plus petites îles du groupe d'Amakirrima. Des Américains, occupés dans le mois d'avril dernier à faire l'hydrographie de ces îles, s'étant permis d'aller à la chasse, avaient déjà tué plus d'une demi-douzaine de ces cerfs, lorsqu'un mandarin vint les prier de ne pas continuer à faire la guerre aux *Cerfs du roi*.

J'ai retrouvé à Lou-tchou l'oiseau que l'on pourrait appeler cosmopolite, le moineau, avec sa familiarité et son chant monotone. Un autre cri sinistre m'a rappelé plusieurs fois notre belle France : c'était celui de la corneille. Il est inutile de vous parler de plusieurs autres Passereaux, Palmipèdes, Échassiers, dépendant de la faune de Lou-tchou, car je me propose de les envoyer quelque jour à Paris dans l'intérêt de l'ornithologie.

Je n'ai rencontré que peu de reptiles à Lou-tchou. Il paraît que les serpents vénimeux (trigonocéphales) y sont assez communs. J'ai vu la tête d'un de ces derniers tué par les Américains.

Les coquillages et les débris de coquillages

que j'ai examinés sur le bord de la mer annoncent une grande richesse dans ce genre ; et, à ce propos, je dois vous dire que j'ai découvert des fossiles avant mon départ. Je n'ai pas eu le temps d'étudier le terrain, aussi je n'ose pas me prononcer sur leur âge. Néanmoins, je regrette de n'avoir pas maintenant à ma disposition les fossiles que j'avais recueillis. C'étaient des térébratules (une espèce), des peignes, des kemnitzia, des moules d'area, je crois, des hémo-cedaris très-volumineux, conservant encore les traces de leurs ornements. J'avais trouvé ces fossiles dans des pierres calcaires de la colline qui se trouve sur le bord de la mer, au nord d'Amikou, ou Missions-Françaises, à une hauteur de trente à quarante mètres au-dessus du niveau de la mer. En partant de là pour aller à Chouï, en passant au nord-est de Tumaï, on trouve plusieurs collines argileuses, et l'on rencontre, plus loin et inférieurement, des mamelons de sable ferrugineux au milieu desquels j'ai pu ramasser des morceaux de bois renfermés dans des espèces de géodes ferrugineuses.

Je vous envoie, cher Monsieur, ces observations, quoique bien incomplètes et écrites à la hâte ; puissent-elles vous faire plaisir et être utiles à la science. Si quelques-unes des personnes auxquelles vous pourrez les communiquer avaient à faire des observations qui puissent venir en aide à l'avenir à ma bonne volonté et à mon insuffisance, je suis prêt à les recevoir avec plaisir et avec reconnaissance.

LES LETTRÉS DE LOU-TCHOU

Nafa, 1er juin 1858.

Permettez-moi de vous parler aujourd'hui des Académies de Lou-tchou. — Des Académies ! allez-vous dire, dans le plus petit royaume de l'univers ? — Eh ! oui, cher Monsieur, il y a deux Académies à Lou-tchou, bien distinctes, et on l'ignore en Europe ! La chose mérite donc d'être signalée.

La première de ces Académies est celle de Chouï. Vous saviez déjà que la langue du pays est un dialecte japonais qui se fait remarquer par ses terminaisons et par quelques formules particulières de politesse et d'humilité. Ainsi, lorsque vous rencontrerez les hommes instruits de Chouï (la capitale), lorsque vous entrerez dans leurs écoles, vous ne serez pas étonné de les voir étudier le japonais. Vous leur verrez, à la vérité, des livres chinois entre

24 LOU-TCHOU.

les mains, vous leur verrez même écrire quelques caractères chinois, mais interrogez-les sur ces livres, sur ces caractères, faites-les lire, ou bien priez-les de vous donner le son chinois des signes (que par parenthèse ils ignorent toujours), ils vous feront entendre les mots japonais correspondants, ou parfois le son chinois japonisé. D'ailleurs, leurs livres renferment un nombre de caractères chinois plus ou moins considérable, mais presque toujours entièrement défigurés : c'est ce qu'ils appellent *zokou-bong*. Ces caractères se traduisent par des mots japonais, ou bien se lisent avec une prononciation demi-chinoise dite *outou-youmi*.

Les étudiants de Chouï, après avoir lu de cette manière les livres canoniques[1] qui sont le fondement de l'instruction publique à Loutchou et au Japon, étudient les livres japonais *ad libitum*. Les uns en lisent beaucoup, d'autres n'en lisent que quelques-uns. Pour l'écriture ils se servent généralement du *fira-*

---

[1] On entend par livres canoniques cinq ouvrages appelés *Ou-king*, qui remontent à une très-haute antiquité, et qui ont été publiés dans la forme où nous les connaissons aujourd'hui par Confucius, au vi⁶ siècle avant notre ère.

kana[1], ou bien du *zokou-bong*, qu'ils tracent avec une facilité et une promptitude étonnante : ils écrivent moins bien le *katakuna*[2]. Les ouvriers et les marchands emploient le zokou-bong.

La ville de Nafa se divise en plusieurs quartiers. L'un de ces quartiers, où nous résidons, se nomme *Kouninda;* il est situé à l'est, et n'est guère habité que par des Chinois, qui parlent chinois, lisent les livres chinois et n'emploient que les caractères carrés : ils ne connaissent ni le zokou-bong, ni les signes du syllabaire japonais. Au milieu de leur quartier, se trouve un vaste collége dans lequel l'enseignement diffère beaucoup de celui qui est donné dans le collége de Chouï : c'est l'Académie chinoise, ou de Kouninda.

C'est sans doute une chose curieuse de voir deux enseignements si différents dans la même ville, mais ce qui l'est davantage, c'est la jalousie des lettrés de Chouï et de Kouninda. Comme nous avons des maîtres de ces deux Académies,

---

[1] Écriture très-cursive, et dont la traduction présente les plus grandes difficultés. Les indigènes eux-mêmes sont plusieurs années à l'apprendre, et on n'en compte qu'un très-petit nombre qui la lise couramment.

[2] Écriture carrée, fort simple, mais d'un usage rare.

nous sommes à même de les juger. Eh bien ! cher Monsieur, je ne puis mieux comparer les académiciens de Kouninda qu'aux anciens Sages de la Grèce, tandis que ceux de Chouï, moins graves et plus indépendants dans tout ce qu'ils font, ressemblent à nos quarante immortels. Chaque fois qu'un des maîtres de Kouninda vient nous donner une leçon, il arrive et s'en va gravement comme les cuisiniers de Boileau ou comme son recteur suivi des quatre facultés. Leurs mains sont sans cesse au port d'armes, et toute leur personne est dressée conformément aux anciens rites ; ils sont d'une réserve admirable, et nous ne pouvons qu'être édifiés, car ils obéissent ponctuellement à tous les ordres qu'ils reçoivent du gouvernement.

Jusqu'à quinze ans, les lettrés de Kouninda étudient le sens des caractères chinois et apprennent à les écrire correctement. Une fois qu'ils ont fait leurs preuves, les jeunes gens prennent deux aiguilles à leur toupet et commencent les *chi-chou*[1]. Tout le reste de leur vie, ils s'évertuent à étudier les philosophes chinois, et ils arrivent à les posséder si par-

---

[1] Les quatre livres classiques de l'École de Confucius.

faitement, qu'ils peuvent presque toujours corriger ou continuer un texte commencé. Ces hommes — ceux du moins que nous connaissons — sont d'une conduite exemplaire sous tous les rapports. Il ne leur manque que la connaissance de l'Évangile. C'est assurément une de nos peines les plus amères de ne pouvoir instruire librement des hommes si honorables, nous avouant en secret que leur doctrine est fort incomplète, qu'elle ne leur dit rien de la grave question de la vie future, qu'elle n'est point satisfaisante pour rendre compte du bonheur et du malheur.

Ces lettrés ne peuvent ni faire de commerce, ni exercer un métier quelconque. Ils sont aux ordres du gouvernement qui les entretient quand ils ne sont pas riches. En prenant les grades, ils peuvent arriver à obtenir quelques titres honorifiques; mais ce sont généralement les lettrés de Chouï qui occupent les places de l'administration. Ceux de Kouninda sont à peu près mis à l'écart, l'on en excepte le gouverneur de Nafa, qui est ordinairement un lettré de l'Académie chinoise.

Presque tous les lettrés de Chouï, quand nous leur montrons un texte chinois, nous disent qu'ils ne le comprennent pas, que nous devons le demander aux *chin-cheï* (interprètes) de Kouninda Lorsqu'au contraire nous montrons quelques passages de nos livres japonais aux maîtres de Kouninda, ils ne manquent pas de répondre : *Ah-yaie*, je ne comprends pas cela (*ouakarong*), c'est de l'embrouillé (*magaya-magaya*). Que signifient ces caractères déformés? Parlez-nous des caractères carrés, à la bonne-heure.

Les maîtres de Kouninda connaissent parfaitement les livres qu'ils nous enseignent, et les expliquent sans broncher. Il n'en est pas de même de ceux de Chouï, qui ne peuvent pas nous expliquer leurs livres japonais, bien qu'écrits en leur langue maternelle, sans les avoir préparés longtemps à l'avance. Nous voyons qu'ils comprennent *en gros* bien des passages dont ils ne parviennent pas à se rendre compte. D'ailleurs, il paraît qu'ils ne sont pas aussi forts que les Européens sur l'analyse logique ; car l'un de ces maîtres, qui est très-instruit, nous disait : « Savez-vous qu'il est difficile de vous donner des leçons ; avec vous il faut rendre compte de tout, ce qui ne se peut pas toujours. »

Les lettrés de Lou-tchou ont une prononciation un peu différente de la vraie prononciation japonaise. Un certain nombre d'entr'eux vont passer quelques années au Japon pour étudier. De même, la plupart des lettrés de Kouninda vont passer de deux à cinq ans à *Foutcheou-fou*, en Chine.

Nous avons neuf maîtres, six de Chouï et trois de Kouninda. Jusqu'à cette année, le gouvernement avait voulu faire le généreux en ne nous permettant pas de les payer. Il paraît qu'il s'est ravisé, et maintenant nos maîtres ne refusent pas notre argent. A cela près, ils sont d'une réserve extrême pour ne rien demander, et même pour refuser tout ce qu'on leur offre, à l'exception de quelques médecines.

Ces maîtres, je vous l'avoue, traduisent généralement bien, et ne passent pas le moindre caractère sans en donner l'explication. Cependant, dans l'explication du *T'syô-yôk*[1], leurs explications sont parfois pitoyables. On peut même affirmer que dans certaines parties, ils ne savent pas ce qu'ils veulent dire; aussi répètent-ils alors que c'est très-profond... Nous avons demandé à l'un d'eux, à propos d'un passage où il est dit que pour bien

[1] L'invariabilité dans le milieu de Tseu-sse, petit-fils et disciple de Confucius.

connaître la perfection, *il faut attendre le saint* qui nous apportera la lumière, si dans cet endroit Confucius entendait parler de lui?

— Oh non, il parle d'un autre saint qui n'était pas venu.

— Savez-vous s'il est venu maintenant?

— Il n'a pas encore paru, nous l'attendons...

Puissions-nous bientôt leur faire connaître ce Saint, dont nous avons l'honneur d'être les ambassadeurs et les apôtres!

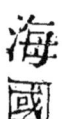

UNE

EXCURSION A LOU-TCHOU

Nafa, 28 juin 1858.

.... Je viens vous inviter à visiter avec moi les ruines d'un ancien château fort qui mérite votre intérêt. Si la rivière de Nafa était véritablement une rivière, nous pourrions faire la promenade en barque; mais à quatre kilomètres d'ici environ (c'est la distance du château), elle se divise en deux ruisseaux qui ont très-peu d'eau, si ce n'est au moment de la marée. Donc nous irons à pied, en passant le bac du port même de Nafa, qui est assez bien garni pour le moment. Ces grandes barques à un seul mât sont des barques japonaises de Kango-sima, les seules qui viennent ici pour le commerce, dont le roi de Satsouma, duquel dépend Lou-tchou, conserve pour lui seul le monopole. Ces barques sont au nombre de quinze. Comme vous pouvez le remarquer, en ce moment elles chargent surtout du sucre et s'apprêtent à partir. Ces barques nous donnent l'occasion de voir dans la ville quelques figures japonaises, et notamment des hommes armés de leurs sabres, ce qui contraste d'une manière frappante avec les pacifiques Lou-tchouans qui portent à leur côté, en guise d'épée, un éventail, quand ils ne l'ont pas à la main. Cette année ces messieurs japonais paraissent moins nous éviter que les années précédentes.

Quelles sont donc ces autres grandes barques chinoises et japonaises ? — Les barques chinoises sont celles qui font le voyage de Chine : elles portent la malle environ une fois par an, et nous arrivent chargées de thé, de parapluies, de papier, etc. Les barques japonaises sont destinées à faire le voyage du Japon, où elles portent probablement le tribut.... Si nous en croyons un de nos maîtres, qui nous le dit tout bas, le gouvernement prend pour lui les deux tiers des revenus. — Les plus petites barques appartiennent à des pêcheurs, ou bien elles viennent du port de Ounting (au nord) et apportent du bois de chauffage ; d'autres viennent des îles dépendantes de Lou tchou avec du bois, des vaches, des porcs, etc., qu'elles échangent contre les objets qui leur manquent, comme des marmites, de la poterie et divers ustensiles de ménage.

La rivière passée, nous nous trouvons dans un grand village que l'on peut regarder comme un faubourg de Nafa. Voyez-vous tous ces curieux? Les curieuses se cachent derrière les murailles. Quand nous serons passés, nous entendrons les enfants se dire entre eux : *Houlanda!* (des Hollandais!), nom que les gens du pays donnent indistinctement à tous les étrangers : c'est qu'en fait de géographie ils ne sont pas forts, et il n'est presque aucun d'eux qui ait une idée même confuse des peuples d'Europe.

Ces femmes que vous voyez devant vous et qui viennent de notre côté, sont chargées de patates, de gingembres et de légumes qu'elles portent au marché. Tout à l'heure vous les verrez prendre la *tangente* pour nous éviter. C'est l'habitude. Si nous cherchons à les ramener près de nous par des paroles bienveillantes, il y a fort à craindre qu'elles fuient encore plus vite que jamais.

Avant d'arriver à notre chateau fort, nous trouvons une petite plaine remplie de magnifique riz, de cannes à sucre, de haricots, de patates et même de joncs pour faire des nattes.

Patience, nous arrivons. Il faut gravir cette petite montagne, sur le sommet de laquelle vous apercevez déjà les murailles du château. Il y a un mois, nous aurions rencontré sur notre route, parmi les pierres, le beau lys à la blanche corolle, et même l'oranger en fleurs. Arrivés à 40 ou 50 mètres au-dessus du niveau de la mer ou du lit de la rivière qui passe au pied de la montagne, nous trouvons la porte d'entrée. L'emplacement de cette porte et les ruines témoignent encore de sa grandeur (environ 2 mètres); quelques pieds de rhubarbe poussent au milieu des ruines. L'intérieur du château est disposé en amphithéâtre. Les murs d'enceinte existent encore partout, mais ils sont tous délabrés à l'intérieur. Ils étaient construits de *pierres sèches* (sans mortier). La longueur, que je n'ai pu mesurer exactement, peut bien être de 150 mètres et la largeur de 60 à 80 mètres. La hauteur se divise en quatre espèces d'étages distingués par des murs qui règnent dans toute la largeur. Dans la troisième division, il existe encore une autre porte en pierre de taille dont la partie supérieure est soutenue par des racines d'arbres à pagode qui se sont si élégamment disposées le long des côtés et à la voûte, qu'un artiste ne pourrait s'empêcher de la dessiner en la voyant. Dans cette troisième porte, on semble encore reconnaître l'emplacement de bâtiments confortables : c'était probablement le quartier du gouverneur. A droite et à gauche, il y a deux petites enceintes dépendantes de celle-ci ; il y a aussi une espèce de petit bocage planté de divers arbustes, entre autres de beaux orangers. En suivant un petit sentier derrière cette enceinte, on trouve une muraille très-élevée avec un grand porche, ainsi qu'une haute porte bien ferrée et fermée avec un cadenas. Comme cette porte ne s'élève pas jusqu'à la voûte cintrée du porche, nous avons pu l'escalader et passer de l'autre côté. Nous nous sommes alors trouvés dans un petit bois au fond duquel se trouvent des *pierres sacrées* sur lesquelles on brûle encore de temps en temps des bâtonnets et des parfums.

En revenant de ce bois et traversant la troisième enceinte, si on prend un sentier à gauche et que l'on passe par une brèche faite dans le mur, on se trouve dans une nouvelle enceinte que l'on ne voyait pas d'abord et qui est presque aussi grande que la première. De cette enceinte, en suivant la montagne et à quelques centaines de pas, on arrive à un gros village qui, par le titre de ville (*goussi-kou*) qu'il porte encore, atteste de son antique importance. Nous trouvâmes dans cette enceinte trois *hiakou-so* (cultivateurs)[1]. L'un de mes confrères, qui parle mieux leur langue, leur demanda le nom de ce lieu.

— Il s'appelle, dirent-ils, *Timi-goussikou* (le fort de la ville Timi).

— Anciennement qu'est-ce qu'il y avait ici?

— Oh! anciennement il y avait un grand chef... Il s'en alla demeurer à Chouï (capitale actuelle de Lou-tchou).

— Y a-t-il longtemps?

— Oh! oui, il y a bien longtemps.

---

[1] On appelle *hiakou-so* (bas peuple) des individus de classe infime. Quelque riches qu'ils soient (et il y en a de très-riches), ils ne peuvent jamais espérer devenir *samouraï*. Ils n'ont pas même le droit de porter la *ceinture de soie*; ils doivent se borner au coton. De même pour les chaussures, ils ne peuvent en porter d'*écorce de bambou*; ils doivent se contenter de chaussures en paille.

Et aussitôt ces braves gens, regardant à droite et à gauche comme des voleurs qui craignent d'être surpris, nous quittèrent et se mirent tout près de là à leur travail sans vouloir nous en dire davantage. Nos maîtres, que nous avons interrogés sur ce château, ont été encore plus réservés que les hiakou-so, de sorte que je ne puis vous donner d'autres renseignements historiques sur son compte. J'ajouterai seulement que, de ce château, l'on découvre parfaitement la mer au nord et à l'ouest.

Dans le nord, à deux ou trois lieues de Nafa, se trouvent les ruines d'un autre château, d'où l'on découvre la mer à l'est et à l'ouest. Il s'appelle *fort d'Ourasi*. Dans la colline sur laquelle il est construit, on trouve une caverne à stalactites et stalagnites encore en voie de formation.

Pour terminer notre excursion, nous reviendrons par le marché. *Oh hoye! oh hoye!* Que veulent dire ces cris? Ils veulent dire, très-cher Monsieur, que le feu dévore quelque maison. Les incendies ne sont pas rares dans ces petites habitations couvertes en chaume et à bas étage. Aussitôt que quelqu'un, même un enfant, s'en aperçoit, il donne l'alarme par ce cri *oh hoye!* et, dans quelques minutes, vous entendez les mêmes cris dans toute la ville de Nafa et même dans la campagne. A cela vient s'ajouter le son d'un grand coquillage dont on obtient en soufflant quelque chose de semblable aux avertissements de vos cantonniers de chemin de fer. Ces cris, qui se propagent très-rapidement, sont vraiment curieux à entendre, le soir après la chute du jour. Il paraît que, dans ces cris, il y a une idée de superstition. Chacun veut par là prier le diable d'avoir l'obligeance de ne pas brûler sa propre maison. Les incendies à Lou-tchou sont communs, mais les dégâts sont presque insignifiants. Les maisons étant généralement très-espacées les unes des autres, il est rare qu'il y en ait plus d'une qui devienne en même temps la proie des flammes; et pour ce qui est du mobilier des Lou-tchouans, il n'est d'ordinaire pas riche.

Nous voici à la place du marché. On trouve ici tout ce dont on a besoin. Voici à droite le marché à la viande et au poisson : on y vend de temps en temps du requin. A gauche vous avez les oranges, les patates, les allumettes, les boîtes, la poterie, la ferraille, et ici, tout à côté de nous, vous voyez les pinceaux, le papier, et en un mot, toutes les fournitures des écoliers. Un peu plus loin vous avez les toiles (de coton et de bananier), les ceintures, les franges ; puis, le riz, le blé, le thé, les *mami* (pois ou haricots) ; etc. Un peu plus loin encore nous trouverons les chaussures du pays (ce sont celles d'été), le tabac en feuilles ou bien coupé et mis en petits paquets : ici c'est le sucre et les gâteaux de différentes espèces ; enfin voici des joujoux qui me rappellent les sifflets à deux sous de nos campagnes: ce sont des sifflets à bon marché, des figurines enluminées de rouge, de jaune et de vert, des poissons en plâtre montés sur des roulettes et agitant leurs nageoires. Ce sont des jouets d'enfants qui viennent du Japon.

Ce marché se tient tous les jours, même quand il fait mauvais temps. Cela vient de ce que l'on va rarement acheter dans les maisons. Les femmes que vous voyez ici veiller sur ces petites boutiques les mieux montées sont généralement les domestiques d'une maison de commerce. Il n'y a point d'hommes au marché : ce sont des femmes qui font toujours le trafic. Il paraît que dans les maisons de négoce de Nafa, même dans celles qui sont riches, c'est *la femme* qui s'occupe du commerce, pendant que monsieur se repose. Les femmes du quartier de Kouninda et celles de Chouï, au contraire, ne s'occupent qu'à confectionner les toiles; elles ne font pas de commerce, ce serait une fonction déshonorante pour elles.

Quant au système monétaire de nos commerçants, tout ce que je puis vous dire, c'est que nous n'avons vu jusqu'à présent que des sapèques plus mauvaises que celles de la Chine avec lesquelles elles sont quelquefois mélangées. Nous ignorons s'ils ont des pièces d'argent. Le gouvernement nous change les piastres américaines au taux de 1,440 sapèques.

LE DÉTROIT

DE MATSMAYÉ

LE DÉTROIT DE MATSMAYÉ

[NORD DU JAPON]

Baie du Barracouta, le 5 juin 1856.

Si ce n'est point abuser de vos moments et si vous ne craignez pas d'avoir froid, venez avec moi, nous voyagerons un peu dans le Nord. Je ne m'arrêterai pas à vous faire étudier l'archipel de Chousan, à l'est de la Chine, ni cette ville de Ting-haï dont les Anglais s'emparèrent en faisant un débarquement de quelques soldats qui prirent la ville par derrière, ce qui, du reste, fit dire aux Chinois que les Anglais ou *Cheveux-rouges* étaient des hommes qui n'avaient pas osé se présenter de face pour attaquer la grande porte du sud. Je vous mentionnerai seulement la mort chrétienne d'un jeune enseigne, décédé sur *la Sybille*, et dont le corps fut déposé dans un terrain presque français, après avoir traversé, précédé de la croix et de prêtres en habits de chœur, cette ville qui ne devait pas même être ouverte au commerce. Le terrain en question se trouve sur une propriété achetée dernièrement par les missionnaires lazaristes et cultivée par des enfants abandonnés et élevés avec les deniers de l'association de la Sainte-Enfance.

Je n'entre donc dans aucun détail sur ce pays qui vous est déjà connu, ni sur Ning-po, plus connu encore que Ting-haï. Nous monterons de suite un peu plus haut, seulement vous me laisserez le temps de lire votre aimable lettre que je reçois à l'embouchure du *Yang tse-kiang*, puis je vous raconterai de suite que le 20 juin nous nous trouvions sur une mer resserrée entre deux montagnes couvertes de neige. C'étaient d'un côté les monts du Japon, et de l'autre ceux de Yéso. La brise qui caressait les neiges en traversant les lieux les plus élevés, nous força à reprendre nos manteaux et à nous couvrir de plus en plus. Nous étions dans le *détroit de Sangar*, qui sépare la mer du Japon de l'Océan-Pacifique.

Dans la soirée même, nous jetions l'ancre dans le port d'*Hakodadé*. Cette ville, située à la pointe est de la partie sud de l'île de Yéso, vous est déjà probablement connue. Vous avez sans doute vu dans les journaux comment M. de Maisonneuve, commandant la frégate *la Sybille*, avait pu obtenir, grâce à son intelligente énergie en face des mandarins japonais, l'autorisation de déposer ses nombreux malades dans une grande pagode; vous aurez appris par la même voie que les Japonais avaient fourni des vivres à ces malades pendant plusieurs mois et que, pour la première fois, un aumônier français en surplis, précédé de la croix, avait paru dans les mers d'Hakodadé pour accompagner les morts à leur dernière demeure.

Hakodadé est une petite ville essentiellement commerçante par sa position sur le versant d'une montagne aride, sur une pointe sablonneuse et étroite qui regarde, d'un côté, la mer du Japon, et, de l'autre, l'Océan-Pacifique. Les jonques et les navires trouvent dans son port un très-bon abri. Tous les jours sa principale rue est remplie de mauvais chevaux ou de bœufs maigres, chargés de provisions. Le charbon de bois de cet endroit est surtout d'une qualité remarquable.

Les rues sont beaucoup plus larges que celles des villes chinoises ; toutes sont sales, à l'exception de la principale, qui peut avoir

10 à 12 mètres de largeur. Les maisons, en bois, ne sont pas belles ; les plus remarquables ont seulement un étage. Quelques-unes sont recouvertes de chaume, les autres de briques fixées à la charpente par des pierres plus ou moins pesantes qu'on y a superposées. Sur le pignon de ces maisons on aperçoit presque partout des seaux ou autres vases à large ouverture. J'avais entendu dire assez sérieusement que l'intention des Japonais était d'avoir ainsi un réservoir d'eau sur chaque maison, en cas d'incendie. Il n'en est rien, comme vous le pensez ; un réservoir de cette dimension serait ridicule, et d'ailleurs les Japonais d'Hakodadé ont un système de pompe pour arroser les rues, qui servirait en cas d'incendie. Ces vases, ordinairement surmontés d'une espèce de balai ou d'une perche presque en forme de croix, m'intriguaient d'autant plus que je ne concevais pas bien comment les Japonais pouvaient les faire entrer comme simple ornement dans leur architecture. J'ai fini par découvrir que ces vases étaient ainsi placés pour la commodité des corbeaux, et probablement aussi pour la propreté de la ville. J'ai vu des corbeaux, perchés sur ces manches à balai, descendre dans les vases et

donner à manger à leurs petits. Les corbeaux, que l'on rencontre en grand nombre dans ce pays, y sont très-familiers ; les marchands qui viennent à la ville, conduisant quelques chevaux ou des bœufs (ces derniers servent de bête de somme) doivent veiller à leurs sacs de provisions s'ils s'arrêtent quelque peu pour fumer la pipe, car sans cela ils seraient bientôt percés par ces corbeaux, qui ne manquent jamais de s'abattre sur les animaux abandonnés à eux-mêmes.

A peine avions-nous mouillé à quelques encâblures de la ville, qu'un envoyé du Gouverneur vint signifier à bord de *la Virginie* que toute communication avec la terre était interdite. Néanmoins une heure après, des officiers autorisés par l'amiral Guérin descendaient dans la ville sans aucune opposition de la part des autorités et au grand plaisir de tous les habitants.

Pendant le temps que nous sommes restés dans le port d'Hakodadé, je suis descendu chaque jour, et je n'ai jamais rencontré que des figures bienveillantes. Les surveillants ou les soldats eux-mêmes, lorsqu'ils pouvaient s'éloigner des regards de leurs chefs, étaient heureux de nous dire quelques mots japonais et de nous demander les mots français correspondants. L'un de ces soldats, à la mine éveillée et intelligente, parlait avec moi et mon confrère habillé en laïque, et nous écrivait sur sa main les mots que nous ne saisissions pas bien. Depuis plus d'un quart d'heure, il se réjouissait avec deux autres jeunes gens de pouvoir communiquer avec nous, lorsqu'il nous dit à part et sans remuer : « Nous ne pouvons plus vous parler, voici le *chien* (*baka*) »; c'était un vieux surveillant. J'eus le soin de me faire expliquer le mot *baka*, qui correspond parfaitement à cette expression française : « C'est un mauvais chien ».

Mon confrère avait pénétré dans une arrière-boutique sans avoir été remarqué par les soldats. L'un des jeunes gens de la boutique entra avec lui, le conduisit dans tous les appartements, lui servit de la nourriture et lui remit sous son manteau un Dictionnaire japonais-chinois sans vouloir en accepter le prix. Il lui recommanda seulement de bien le cacher, parce qu'il craignait d'être décapité, si la police le découvrait; il accepta un crayon et un petit couteau.

Partout nous rencontrions des hommes, des femmes, des enfants nous contemplant avec curiosité et sans crainte. J'ai vu, dans les maisons, les femmes mariées avec leurs sourcils rasés, et les jeunes filles s'approcher avec confiance et examiner nos habits, nos boutons et nos montres.

Il n'y a pas de luxe dans le costume des habitants; les femmes sont enveloppées dans une large robe qu'elles tiennent fermée par devant, avec les mains, sans toutefois prendre beaucoup de soin pour éviter les rhumes de poitrine. Les hommes qui venaient des montagnes à la ville portaient un costume sale et pauvre, et des espèces de guêtres attestant qu'ils vivent dans des régions froides, même à la fin de mai. Les hommes de la ville, au moins ceux du peuple, sont dégoûtants; ils ne semblent prendre à tâche que de cacher leurs épaules; leur robe, à peine fixée sur la poitrine, voltige au gré du vent. D'ailleurs, des témoins oculaires m'ont certifié que dans les bains, séparés du public par de simples rideaux qu'un souffle peut soulever, les hommes, les femmes et les enfants se lavent des pieds à la tête sans prendre la moindre précaution pour observer, sinon la modestie, au moins la décence.

Je n'ai pas eu assez de temps pour visiter la

campagne et les montagnes voisines. Cependant le terrain doit être bon, à en juger par le boisement magnifique de ces montagnes, et par quelques arbres fruitiers dont les fleurs commençaient à s'épanouir, tels que le pêcher, le prunier, le cerisier. Il y vient aussi des poiriers : nous avons acheté une grande quantité de poires ; elles étaient grosses, mais d'une qualité inférieure.

Après avoir quitté Hakodadé, où je ne suis malheureusement pas resté assez longtemps pour étudier les Japonais et leur langue, nous passâmes assez près de la ville de *Matsmayé*, capitale de l'île de Yéso. Elle est située à la pointe ouest de la partie méridionale de cette île. Elle nous a paru grande ; quelques monuments plus élevés que les autres maisons et entourés d'arbres, semblent indiquer quelques belles habitations et des jardins agréables.

Avant de quitter la baie de l'Empereur-Nicolas pour nous enfoncer davantage dans la Manche de Tartarie, permettez-moi quelques observations.

Le gouvernement japonais, exclusif et despotique de sa nature, dont l'orgueil incroyable avait été entretenu, nourri par ses relations antécédentes avec les puissances occidentales, sans en excepter la France, le gouvernement japonais, dis-je, encouragé par les succès récents obtenus auprès des Anglais et des Américains, en les faisant consentir à des traités humiliants (c'est ici l'opinion publique), désire vivement faire une négociation semblable avec la France, afin d'écarter en réalité de son pays, et par voie de traité, tous les étrangers qu'il croit avoir à redouter. De plus, il sait que la France est puissante : aussi pour presser le traité qu'il désire, le gouvernement japonais refuse de recevoir de l'argent pour les vivres et les marchandises que les Français achètent. Dernièrement encore des provisions ont été achetées par les Français ; il y en avait pour quelques centaines de piastres : l'argent a été refusé, pour n'être réclamé qu'après la conclusion du traité.

A peine le premier interprète japonais *Namoura* avait-il rencontré le Commandant de *la Sibylle*, qu'il le questionna sur la prise de Sévastopol et sur les navires que la France envoyait en Chine. Il lui demanda ensuite si la France ferait un traité avec le Japon. On voyait que cette question préoccupait singulièrement son gouvernement. Si quelqu'un a honoré son pays en face des Japonais; si quelqu'un a compris la politique à suivre dans l'Extrême-Orient, c'est M. de Maisonneuve. La connaissance des choses, l'honneur de ma patrie et la reconnaissance personnelle me font un devoir de le dire hautement.

Pour apprécier ce qui suit, n'oublions pas, cher monsieur, que tout ce qui est dit aux hommes officiels du gouvernement japonais, est scrupuleusement noté et expédié à Yédo.

Le commandant de *la Sibylle* répondit à Namoura : — Je ne sais quand la France voudra faire un traité avec le Japon ; mais quand notre grand empereur voudra traiter avec votre empereur, il lui fera un grand honneur; car la France est infiniment plus riche, plus belle et plus puissante que le Japon, et il ne lui est pas nécessaire pour être heureuse de faire le commerce avec vous; la France n'a pas besoin du Japon, tandis que le Japon pourra bien, dans peu, avoir besoin de l'influence de la France.

— Mais les Anglais et les Américains ont fait un traité avec nous, pourquoi ne feriez-vous pas de suite un traité semblable ?

— Jamais, jamais.... Je n'ai aucun pouvoir

pour traiter; je ne sais ce que ferait mon empereur et son gouvernement; mais ce que je sais, c'est que jamais ils ne consentiront à faire un traité aussi humiliant.

L'impassible Japonais changea de figure.

— Je vous le dis encore une fois, lorsque la France traitera avec vous, vous devrez vous féliciter de cet honneur.

Deux jours après cet entretien, le commandant refusait de recevoir un présent que le gouverneur lui faisait remettre par deux officiers supérieurs, accompagnés de deux interprètes.

— Je ne peux accepter, pour plusieurs raisons, dit-il. Le gouverneur a fait rendre un petit cadeau fait à un de vos interprètes par un de mes officiers, ce qui m'a fait beaucoup de peine. Mon grand empereur me ferait des reproches si j'acceptais des présents d'un homme qui a fait à des Français l'injure de ne pas les traiter comme des amis. J'en suis fâché pour vous que je connais depuis un an, mais je n'accepterai pas. Lorsque je dirai dans mon pays comment les Japonais veulent exclure sans raison les Français de leur royaume, on les prendra pour des barbares, on voudra traiter avec vous comme avec des barbares, et j'en serai fâché pour vous que j'estime.

— Il est vrai, notre gouverneur de l'an dernier était bon et intelligent, tandis que celui que nous avons maintenant est mauvais et ne comprend pas les choses. A cause de nous qui vous aimons, qui avons mangé à votre table, nous vous en prions, acceptez.

— Non, je ne puis.

Ces conversations, dont j'ai été témoin auriculaire, peuvent vous donner une idée très-juste de la politique à suivre dans nos relations avec les Japonais. Puisse le jour n'être pas éloigné où l'empereur tournera ses regards vers des nations entières qui aspirent à la civilisation, impossible sans l'influence de la religion chrétienne : le Japon sera à moitié ouvert. Une petite escadre, avec la volonté puissante de Napoléon, verra aussitôt tomber devant elle, à l'applaudissement de tous les peuples, des Chinois et des Japonais eux-mêmes, des barrières que trop longtemps on a eu le malheur de croire infranchissables.

LA BAIE
DU BARRACONTA

LA BAIE DU BARRACONTA

[TARTARIE ORIENTALE.— MANCHE DE TARAKAÏ]

<small>Mer du Japon, à bord de *la Virginie*, le 12 juillet 1856</small>

Avez-vous trouvé sur vos cartes la baie de laquelle ma dernière lettre était datée ? Je réponds pour vous avec assurance : non ; — et je m'empresse, pour ne pas être surpris une seconde fois par une occasion fugitive, de vous donner des éclaircissements sur sa position.

La *baie du Barraconta* ou *baie de l'Empereur-Nicolas*, se trouve sur la côte de Tartarie, par 49° 1′ 50″ latit. N. et 137° 58′ 40″ long. E ; elle serait à la place des îles *Prise* et *Bordelas*, qui n'existeraient alors que sur les cartes. Les Anglais, qui ne la connaissaient pas, y firent leur entrée le 11 mai dernier, sur le vapeur le *Barraconta*, de là son nouveau nom. Les Russes l'avaient déjà découverte et nommée baie de l'Empereur-Nicolas. Cette baie, dont l'entrée est facile, serait, dans l'opinion de nos vieux marins, la plus belle et la plus sûre de toutes celles qui leur sont connues. Partout il y a bon fond, partout les centaines de navires, qui pourraient y être contenus, seraient admirablement abrités. L'eau est loin d'être limpide ; sa couleur noirâtre, au contraire, atteste qu'une couche épaisse de vase, formée par les détritus des végétaux, recouvre le fond. Il ne peut, du reste, en être autrement, attendu que le rivage est partout tellement garni de sapins, de mélèzes, de bouleaux, et d'aunes, qu'il est extrêmement difficile de marcher dans les bois qui offrent aux pieds un épais tapis de mousses de différentes espèces et de couleurs variées, recouvert de milliers d'arbres tombés dans tous les sens.

On trouve dans ces parages de l'eau douce en si grande abondance que même, dans la partie voisine de la mer, l'eau n'est presque pas salée, tandis qu'elle est entièrement douce dans les différentes petites baies avancées dans les terres.

La morue, la plie, le hareng, le saumon et une autre espèce de poisson assez voisin de ce dernier et d'un goût plus délicat, sont assez abondants dans cette baie.

Le 1ᵉʳ juillet [1856], la baie du Barraconta retentissait des coups de canon français et anglais : ils nous annonçaient la paix et inauguraient pour nous un jour de fête. Si nous étions venus un an plus tôt, il n'en eût probablement pas été ainsi : les canons n'auraient plus annoncé la paix, ils auraient porté la mort et la dévastation sur le rivage et sur les navires français et anglais. C'est que les Russes occupaient la position qu'ils avaient fortifiée. Jetez les yeux sur le croquis ci-joint : à l'entrée de la baie Pallas à droite (n° 1) se trouve un rocher brisé, sur lequel les Russes avaient pu facilement installer deux obusiers et des tirailleurs. Plus loin, sur le même bord, nous avons visité les terrassements considérables d'une batterie de huit canons ; un four avait été construit dans cet endroit pour faire rougir les boulets. Des cabanes détruites avaient dû servir à abriter les pauvres Russes ; un monceau de misérables coquilles de différentes espèces semblaient attester encore qu'ils furent obligés de demander à la mer l'aumône de mauvais mollusques. Des fosses, au nombre de seize, surmontées d'une croix, redisent que la mort sait trouver les pauvres humains dans les déserts de Tartarie aussi bien qu'au sein de nos cités les plus peuplées. Les inscriptions attestent que, dès 1854, les Russes avaient visité cette magnifique baie. D'ailleurs, ils y sont restés assez longtemps pour sentir le besoin de se procurer quelques légumes, en cultivant un sol qu'il leur fallut d'abord défricher. Nous avons trouvé, en effet, sur la terre remuée et disposée en *planches,* des feuilles de chou à moitié pourries, quelques navets et des tiges de cucurbitacées desséchées, qui semblent indiquer la présence des Russes pendant des mois.

Après avoir passé le petit cours d'eau marqué sur le plan (n° 2), on arrive à une seconde batterie de 10 canons. Les épais talus de terre pouvaient défier bien des boulets. Outre ces deux batteries une frégate russe de 60, *la Pallas,* devait être embossée entre ces deux batteries, à peu près à l'endroit où elle est notée sur le plan. Cette frégate a été brûlée en partie et coulée sur place. Pourquoi et comment cela s'est-il fait? Les Russes pourront nous l'apprendre, mais tout ce que nous savons, c'est qu'un navire ayant les dimensions d'une frégate a été coulé à l'endroit indiqué. Des plongeurs ont distingué les parties brûlées; une ligne de sonde a déterminé les dimensions de ce navire, dont certaines parties ont pu être arrachées : deux pistolets en bon état ont été retirés par un officier de *la Virginie.*

En regardant de la baie de la Pallas dans la direction n° 2, on découvre une autre baie y faisant suite, qui peut avoir de 2 à 3 milles de longueur, et dans laquelle il y a fond pour les navires. — Cette baie est elle-même suivie d'une autre qu'on n'aperçoit qu'à l'extrémité même de la seconde baie. Elle est peu profonde : un cours d'eau, dans lequel on peut, à marée haute, remonter jusqu'à 5 ou 600 mètres, tend à la combler de plus en plus par la terre et les débris organiques qu'il charrie en abondance.

Dans toute cette partie de la baie, je n'ai rencontré aucune figure humaine : des canards, des hérons, des cormorans, et quelques autres oiseaux aquatiques ou de proie animaient seuls ce paysage, dont le fond est formé par une chaîne de hautes montagnes éloignées à 20 ou 30 milles de la baie.

En revenant vers la première entrée et faisant face au n° 3, on voit une immense baie s'étendant à 5 ou 6 milles : à droite et à gauche, elle est flanquée de plusieurs petites baies ; les deux qui sont à gauche se font remarquer par leur grandeur et par l'abri qu'elles offrent de tous les côtés. Vers l'extrémité de cette longue baie, le fond diminue ; puis, après avoir passé une *barre*, on retrouve 2 et 3 brasses d'eau dans une assez large rivière. En la remontant, on trouve de grandes plaines, ou plutôt de vastes terrains marécageux, au moins dans la saison comprise entre les mois de mai et de juillet.

La baie du Barraconta, qui serait si vivante à cause des avantages qu'elle présente en elle-même et des bois de mâture et de construction dont sont garnis les rivages, si elle était sous un climat moins rigoureux, n'est qu'un vaste labyrinthe dans lequel se perdent quelques pauvres cabanes habitées par des créatures misérables au type chinois. Je suis même porté à croire que ces quelques cabanes (j'en ai vu trois) n'existent pas toute l'année. C'est qu'en effet, j'ai rencontré deux emplacements sur le bord du rivage, toujours à côté d'un cours d'eau, recouverts de débris de cabanes brûlées, ce qui me ferait penser que quelques Tartares viennent à une certaine époque pour pêcher et chasser l'ours et le caribou, puisqu'ils retournent ensuite dans les montagnes où se trouveraient quelques centres de populations. Les douze à quinze crânes d'ours suspendus près d'une habitation [1], les débris de peau de l'animal que nos marins appellent *caribou* [2] témoignent au moins de l'existence de ces animaux dans ces parages.

Voulez-vous construire une cabane tartare pour la mettre à l'exposition prochaine, déterminez sur le terrain un rectangle de 2 ou 3 mètres de longueur sur 2 environ de largeur; placez pour fondements deux ou trois troncs de sapin ou de bouleau sur chaque côté; pour pignons deux troncs d'arbres fourchus; pour ferme de la charpente un autre pied d'arbre reposant sur les pignons; puis prenez quelques dizaines de troncs

---

[1] Quelques voyageurs nous ont parlé de têtes d'ours qu'ils avaient eu l'occasion de voir, à diverses reprises, suspendues à l'entrée des maisons des Aïno, dans l'île de Yéso. Le renseignement donné ici par le Père Furet nous porte à croire qu'il y a dans cette circonstance quelque coutume particulière à la race Aïno qui, comme l'on sait, s'est répandue non-seulement dans Yéso, Karafto et les Kouriles, mais encore sur la côte orientale de Tartarie, dans le pays de Santan.

[2] Espèce de renne sauvage dont on mange la chair. On rencontre une espèce de ce genre en très-grand nombre au Canada.

d'arbres moins gros, posez-les sur les fondements qui servent alors de sablières, laissez-les reposer sur la ferme ; recouvrez le tout (excepté un petit espace pour laisser échapper la fumée) avec de l'écorce de bouleau, et vous aurez un *palais tartare*. Le rectangle n'est pas toujours régulier, de sorte que la cabane ressemble assez souvent à un cône.

L'ameublement est en parfaite harmonie avec le genre d'architecture à l'usage de ces pauvres nomades. Des arcs, des flèches, une ou deux petites haches grossières, quelques vases en écorce de bouleau, quelques peaux de chien, d'ours, ou de caribou pour servir de lit, voilà en quoi consiste le luxe des palais en question. Néanmoins ce sont des créatures humaines qui habitent dans ces cabanes ! J'ai vu cinq personnes, dont deux hommes, un jeune garçon de quinze à seize ans, une femme et son petit enfant, n'ayant pas d'autre habitation que celle que je viens de décrire, et encore la partageaient-ils la nuit avec leurs nombreux chiens ! Que les missionnaires ne peuvent-ils être partout, pour préparer, au moins un avenir heureux à de pauvres créatures qui sont si mal partagées sur la terre !

Quelle est la nourriture de ces habitants ?

me direz-vous. Je n'en sais rien au juste : je sais seulement qu'ils font sécher du poisson et qu'ils mangent avec délices la tête du poisson cru.

Presque tous ces habitants portent des boucles-d'oreilles en plomb, garnies d'une grosse perle jaunâtre ou rougeâtre, faite avec une vertèbre de poisson, si j'ai bien compris les signes de l'un des hommes. Leurs pirogues ne sont autre chose qu'un tronc d'arbre creusé.

Leur costume est d'une pauvreté et d'une saleté dégoûtante : ce sont des lambeaux de capote ou de toile qu'ils doivent, je pense, à la générosité des Russes ou des Anglais.

Lorsque nous arrivâmes, le 4 juin, pour la première fois dans cette baie, les neiges qui couvraient les montagnes, les glaces qui décoraient encore quelques parties du rivage ou qui formaient des espèces de *ponts souterrains* sur les ruisseaux que nous trouvions au milieu des bois, étaient des témoins incontestables de la rigueur et de la durée de l'hiver. Les glaçons des ravins avaient commencé à fondre : néanmoins beaucoup présentaient encore une épaisseur d'un à deux décimètres. La nature n'était pas riche en fleurs : des *violettes* jaunes, quelques pieds d'*anémones* à grande fleur d'un brun sombre, des **corydalis**, à belles fleurs bleues ou roses, voilà les seules plantes qui osaient braver une température de $+ 6° 4'$.

Le 19 juin, nous revîmes cette même baie; la nature y avait changé complétement d'aspect dans l'espace de quinze jours. La température était montée à une moyenne de $+ 13°$, 5' (du 19 au 24 juin) et de $+ 16°$ (du 25 juin au 26 juillet). Les neiges étaient fondues, la glace ne se voyait plus que très-rarement dans les ruisseaux à l'ombre des bois ; tandis que de nombreuses vipères venaient prendre place au soleil, sur des pierres argileuses du rivage. Dans une excursion le long de la mer, j'aperçus deux de ces reptiles que je crus reconnaître pour des vipères ; afin de m'en assurer, j'en pris un que j'examinai à loisir. Il avait 0^m 67 cent. de longueur. Sa couleur, sa queue et ses crochets étaient bien ceux de la vipère de France. Quarante ou cinquante mètres plus loin j'en vis une troisième. Les officiers et les matelots en tuèrent quelques-unes.

La végétation avait fait des progrès, le vert tendre des feuilles de bouleau décorait admirablement lés bords du rivage. Un *iris* nain, à jolie fleur bleue, tachée de jaune et pointillée de blanc ; les *violettes* jaunes et bleues, la *potentille*, avec son bouton d'or, des liliacées, et plusieurs autres plantes semblaient s'être donné rendez-vous sur les côteaux pour faire diversion à l'aspect sombre des bois. L'une des liliacées était surtout remarquable; sa tige, garnie de grandes feuilles lancéolées et divisées en une multitude de branches chargées de fleurs blanches par centaines, a le port de la *patience*. Je ne dois point passer sous silence une autre fleur si commune dans ces parages, qu'elle suffirait pour faire la fortune de quelque bouquetière parisienne : c'est le *muguet*. Outre les arbres déjà nommés, nous avons trouvé deux petits *chênes* en fleurs, ainsi qu'un arbrisseau bien connu, l'*épine-vinette*.

C'est en furetant dans les bois que j'ai découvert quatre grands cercueils de Tartares et un petit au milieu d'eux. Ces cercueils, placés dans le voisinage des cabanes brûlées et sur les bords du bois, reposent sur deux madriers (troncs d'arbres), de telle manière que la tête plus élevée que les pieds regarde du côté de la mer. J'ai observé plus tard la même disposition dans deux autres endroits. Ces cercueils étaient faits avec des planches peu épaisses, fixées par des tringles en bois, placées en travers sur le dessus et verticalement aux deux extrémités. Le dessus est en outre recouvert d'une épaisse couche de mousse. L'un des cercueils déjà ancien était ouvert, l'intérieur ne présentait qu'une masse informe de débris gigantesques. Deux grandes plaques d'écorce de bouleau recouvraient encore les pieds, et des débris de plaques semblables annonçaient que le corps tout entier avait été recouvert de la même manière. Des lambeaux de vêtements étaient très-reconnaissables, un arc et des flèches à moitié pourris reposaient sur le côté gauche, et un ornement en pierre, d'un blanc-jaunâtre et translucide (dont je vous envoie le dessin) reposait sur la poitrine. Quelques perles verdâtres attestaient qu'un collier avait aussi orné le cou du défunt.

Je ne sais quelle est la langue de ces habitants[1]. Ils n'ont compris ni le chinois, ni le

---

[1] Ce doit être vraisemblablement la langue des *Santans* ou *Sandans*, indigènes de la côte orientale de Tartarie, sur la rive droite du fleuve *Mankó* ou Amour. Telle est du moins l'élucidation que propose, quant à

japonais, ni la langue des habitants de la baie de Joncquières, sur la côte ouest de Sakalien.

présent, M. Léon de Rosny, qui a donné quelques mots de cet idiome dans son *Introduction à l'étude de la langue japonaise*, pag. 3, d'après un mémoire de M. von Siebold, inséré dans les *Verhandelingen van het Bataviaasch Genootschap*.

LA BAIE
DE JONQUIÈRES

LA BAIE DE JONCQUIÈRES

[CÔTE OCCIDENTALE DE L'ÎLE KARAFTO OU TARAKAÏ]

Baie de *Saka*, sur la côte est de l'île Tsou-sima, 27 juillet 1856

Après avoir encore passé deux jours dans la baie du Barraconta, nous appareillâmes pour aller vers un poste qu'on disait être occupé et fortifié par les Russes. Nous naviguâmes tout près de ces mêmes côtes que nul Français n'avait visitées depuis Lapeyrouse. Nous ne reconnûmes aucun centre de population. Nous avons seulement distingué quatre ou cinq cabanes, en forme de cône, dans une baie dite *de la Destitution*.

Le 9 juin, les deux frégates françaises entraient, malgré la brume, fréquente dans ces parages, et sans hésiter, dans la *baie de Castries* (lat. 51° 21′ N.; — long. 139° 39′ E.) et allaient mouiller dans le lieu même où les navires de Lapeyrouse avaient jeté l'ancre, c'est-à-dire à quelques centaines de toises du rivage et des îlots qui sont dans la baie. Un petit brick, avec pavillon américain, y était à l'ancre. Il était venu de San-Francisco, disait le capitaine, pour vendre des vivres aux Russes qui, selon lui, se trouvaient nombreux et bien fortifiés sur ce point. Les assertions de ce capitaine ne furent pas crues; bien plus, nous pensâmes que lui et son brick étaient russes...

Le 10 juin, un officier russe vint avec le pavillon parlementaire à bord de *la Virginie*. Il fut parfaitement reçu. Pour remercier les officiers de leur bon accueil, il leur témoigna le regret qu'il avait de n'avoir pas reçu la nouvelle de la paix sur laquelle il comptait, afin de les inviter à venir visiter leur établissement. Dans l'incertitude de la paix ou de la guerre, il pria l'amiral Guérin de ne pas laisser aller les embarcations dans telles directions de *leurs fortifications* qui furent *toujours* et *partout* invisibles pour nous, même avec les meilleures lunettes.

Le 12 juin nous étions dans la *baie de Joncquières* sur la côte ouest de l'île Sakalien (latit. 51° 28' N.; — longit. 138° 52' E.). Nous trouvâmes, sur le rivage de cette baie, deux petits villages formés de huit à dix maisons. Ces habitations sont beaucoup plus confortables que celles des Tartares de la baie du Barraconta. Plusieurs ont de dix à quinze mètres de longueur, sur cinq ou six de largeur. Le plancher est élevé d'environ un mètre au-dessus du sol : il y est soutenu, sur les côtés et au milieu par des colonnes d'une sculpture on ne peut plus simple. Ce sont des troncs d'arbres écorcés dont on a eu soin de conserver les plus grosses racines pour avoir une base plus solide ; le plancher lui-même, aussi bien que les côtés et les pignons de l'édifice, sont faits avec des troncs d'arbres également écorcés et parfaitement agencés ; quelquefois cette cloison est double et calfeutrée avec des feuilles ou des écorces ; la charpente est formée d'une double série de solives ; des écorces de bouleau reposent sur la rangée inférieure et sont retenues en dessus par la seconde rangée. Sur le devant de la maison, il y a une espèce de *Veranda* de 1 mètre 50 à 2 mètres de large. Pour y monter, on se sert d'un solide escalier qui dénote l'enfance de l'art : c'est un fort morceau de bois dans lequel on a fait de grossières échancrures pour servir de gradins. Sur cette espèce d'amphithéâtre, il y a place pour les personnes et pour les chiens beaucoup plus nombreux que les habitants. Il est orné d'arcs, de flèches et de très-légers traîneaux dont le dessous est garni d'une plaque d'os ou plutôt d'ivoire, car l'un des habitants m'a fort bien expliqué que cette matière provenait des dents de *morse* ou d'un animal marin du même genre.

L'intérieur de la maison est divisé en plusieurs compartiments, qui tous se distinguent par leur obscurité et leur saleté. On y voit quelques vases en écorce de bouleau, des peaux de chien, de chiens marins et d'ours. Les chiens ne manquent pas non plus dans les appartements, d'autres sont attachés sous la maison, ou bien à des traverses de bois installées pour cet usage dans le voisinage de la maison et appelées *anik'n*. Ces chiens sont de taille moyenne ; la couleur du pelage est très-variée ; presque tous ont le museau un peu allongé, et plusieurs sont remarquables par leurs yeux blancs. Ils ne sont ni méchants ni lâches comme les chiens chinois. Ils doivent avoir une grande valeur pour leurs misérables propriétaires, puisque l'un de ces derniers ne voulut jamais en céder un tout petit pour du linge, ni pour du tabac dnot ces insulaires sont très-friands. Je présume que ces chiens fournissent des coursiers pour les traîneaux, qu'ils sont employés à la chasse, et qu'après avoir rendu des services à leurs propriétaires pendant leur vie, ils leur fournissent encore des vêtements et une bonne nourriture après leur mort.

Les habitants ont le type chinois : ils conservent tous leurs cheveux longs, arrangés de manière à former une raie sur le milieu de la tête en avant, et, en arrière, une queue épaisse ; souvent cette queue est relevée en forme de chignon. Presque tous portent des boucles d'oreille.

Leurs habits ont beaucoup de rapport avec ceux des Chinois : la veste un peu longue, la ceinture, le pantalon, les cuissards et les bottes avec leurs jarretières sont ordinairement en peau de chien ou de chien de mer. J'ai vu néanmoins une espèce de robe en tissu et un chapeau ou calotte que le propriétaire disait être mandchoux.

Quels sont ces habitants? d'où viennent-ils? Je crois qu'ils sont Tartares-Mandchoux ; néanmoins je ne puis rien dire de précis. Tout ce que je sais, en dehors de l'indication donnée pour les habits, c'est que leur langue ne ressemble ni au japonais, ni au chinois, ni au coréen..... Vous remarquerez que les aspirations sont fréquentes et difficiles.

Les barques, quoique bien simples, n'ont cependant ni la simplicité ni la solidité des pirogues de la baie du Barraconta : elles se composent de quatre planches minces, dont trois longues pour le fond et les deux côtés, et une petite pour l'arrière. Le devant est si bien ajusté, qu'il y a toujours libre circulalation pour l'eau, dès qu'il arrive un mouvement de tangage.

Les hautes montagnes du troisième flanc de la côte de la baie de Joncquières étaient encore couvertes de neige, tandis que les ravins et les nombreux ruisseaux dispersés au milieu des bois épais des collines sur les premiers plans, étaient en plein dégel. Du 12 au 14 juin inclusivement nous eûmes une température moyenne de $+ 11° 7'$.

Si je pouvais avoir le plaisir d'être avec vous à Paris, je vous raconterais en détail une promenade de plusieurs heures au milieu de ces forêts de sapins et de mélèzes, et vous auriez une idée de l'aspect sauvage de ces contrées. — Si un torrent se présente et vous barre le passage, le pont de pierre ou de fer vous manque ; vous faites, pour me suivre, une ascension dans un chêne ; de ce chêne qui s'incline, vous posez le pied sur un autre planté sur le bord opposé et vous êtes dans les bois. A chaque pas, vous avez à lutter contre l'obstacle que vous présente un petit arbuste assez semblable à la bruyère par son bois et par sa fleur en grelot d'un blanc verdâtre. Ici ce sont des arbres qui vous tombent sur les épaules, si vous les poussez un peu en passant ; là, ce sont des arbres tombés de vétusté qui vous interceptent le passage en avant, à droite et à gauche. Vous vous élancez sur un de ces gros arbres pour vous en servir comme d'un marche-pied, et alors... là comme partout, celui qui s'élève est abaissé, et vous vous trouvez tout étonné de voir votre pied au-dessous du tronc et de sentir votre jambe ou votre cuisse dans un étau. Si, au contraire, vous avez le bonheur de trouver un gradin solide, vous voyez au-dessous et plus loin un jolis tapis de mousse verdoyante, vous sautez dessus.....et vous êtes tout ébahi de vous trouver logé dans le corps d'un gros sapin pourri.

Néanmoins ces forêts vous ménagent, de temps en temps, quelque petite surprise ;

ici, au lieu de cette sombre verdure de sapins, d'aunes, sur un tapis couvert de mousse et de débris végétaux, vous reconnaissez avec plaisir *l'anémone, des bois* avec sa fleur d'un blanc si tendre, le *corydalis*, *l'oxalis* à fleur blanche et *l'eupatorium* à longues feuilles lancéolées. Je ne saurais oublier l'étonnement que j'éprouvai en tombant tout d'un coup dans le haut d'un ravin, dont les petits ruisseaux étaient encore pavés de glace, tandis que la partie supérieure offrait une espèce de parterre orné du *populage (caltha)* avec ses larges boutons d'or, et d'une *aroïdée* qui doit s'appeler la *magnifique*, à cause de sa belle et grande fleur d'un blanc pur, s'épanouissant au-dessus du sol et au milieu d'un bouquet de grandes feuilles qui se déroulent successivement comme pour la protéger. J'oubliais de vous faire remarquer que le *groseillier* à fruits rouges ou blancs, en grappes (*castillier*) pourrait bien être originaire de ces contrées (baie de Joncquières et du Barraconta), car il s'y trouve en grande abondance dans les bois et surtout sur le rivage. Je l'ai trouvé fréquemment en fleur à côté d'une espèce de *rosier mousseux* qui commençait à pousser.

En dehors de ces bois, dans le voisinage même des villages, il n'y a aucune trace de culture; les bœufs, les moutons, les cochons, les volailles paraissent inconnus. On voit seulement quelques *corbeaux*, des *tourterelles*, des *merles*...

Les habitants trouvent sans doute de quoi satisfaire à leurs besoins dans le *saumon*, le *hareng*, la *morue*, la *plie* et le *crapaud de mer*, qui se prennent par centaines tout près de leur village, à l'embouchure de la rivière qui le protége.

Les ruisseaux nombreux qui viennent de l'intérieur charrient beaucoup de vase et de débris organiques. Au moment du dégel, les côtes, sur un espace d'environ six milles, fournissent aussi à la mer, par des éboulements, une grande quantité de vase composée d'humus, d'argile et de sable fin.

Dans la partie nord de la baie, la côte est formée de sable blanc disposé en couches entremêlées de minces zones de sable ferrugineux renfermant des espèces de conglomérats formés de cailloux roulés, réunis dans une pâte ferrugineuse. Plus loin, en allant vers le sud, ce sont des couches d'argile feuilletée, tantôt brune, tantôt ferrugineuse, ou bien des schistes argileux. Vers l'extrémité sud de la baie, les couches deviennent plus variées à mesure que la hauteur de la côte augmente : on y trouve des filons de houille qui semble être d'une bonne qualité. Ces couches de la partie sud sont inclinées de 20 à 25 degrés du S.-S.-E., au N.-N.-O., aussi bien que celles du nord ; elles sont interrompues par d'autres couches verticales. On trouve dans les pierres argileuses de ces couches du bois pétrifié et quelques fossiles. Le temps ne m'ayant pas permis de faire des recherches, je n'ai pu constater que des débris d'une petite *ostracée*, d'un assez grand *peigne*, et d'une autre espèce que je n'ai pu reconnaître.

A la vue des gros morceaux de *charbons de terre* que nous rencontrions sur la plage, je pensai tout d'abord que des vapeurs anglais étaient venus dans cette baie. Les filons dont j'ai parlé, me firent changer d'opinion; et, en furetant, je finis par trouver de nouvelles indications. Au bas d'un petit ravin débouchant sur le rivage, je remarquai des morceaux de houille au milieu des pierres et de la boue entraînées par l'eau. Je grimpai plus haut et j'observai que les morceaux de charbon de terre allaient en augmentant. J'aurais voulu poursuivre mes recherches : l'heure me fit revenir sur mes pas, bien convaincu cependant, d'après ce que je venais de voir, qu'il y avait de riches gisements de *houille* dans l'île Sakalien. — Le lendemain nous mettions à la voile, pour nous rendre à la baie du Barraconta.

Le calme nous a forcés de mouiller dans une grande baie à l'est de l'île *Tsou-sima*[1]. Nous avons acquis la preuve, dans ce pays dépendant du territoire même des Japonais, que ces insulaires ne sont pas, comme on l'a dit, des hommes barbares et inhospitaliers. Je crois vous l'avoir déjà dit : j'ai constaté à Nagasaki, dans le golfe de Kiou-siou, à Hakodadé, comme ici, une aspiration bien marquée du peuple pour les étrangers. Hier matin, une barque du pays s'est approchée de notre frégate. D'abord la crainte la maintenait à distance ; mais la curiosité et quelques signes de notre part la firent accoster. Deux des plus jeunes se risquèrent à monter sur *un bateau comme ils n'en avaient jamais vu* : ils étaient d'une politesse exagérée, leurs yeux n'étaient

---

[1] L'île Tsou-sima est située au N.-O. de l'île de Kiou-siou (Japon) et au S.-E. de la Corée, dans le canal qui porte le nom de ce dernier pays.

pas assez grands pour admirer tout ce qui se présentait à leur vue sur notre frégate. Je leur demandai si, dans leur île, il y avait des légumes, des œufs, de la volaille, des bœufs, des moutons. Sur leur réponse affirmative, je leur dis de s'en aller et de nous apporter de l'eau avec les autres choses ci-dessus mentionnées. Ils descendirent alors dans leur barque et montrèrent à leurs camarades le biscuit, le pain et un vieux jeu de cartes dont on leur avait fait cadeau. Cela donna envie aux vieux de voir aussi la frégate et ses habitants. Les canons et les boulets les étonnèrent et les effrayèrent au point de me demander *s'ils n'étaient pas pour eux*.....

Après cette seconde visite, nous en reçûmes un grand nombre d'autres à bord, et dans toutes les barques, nous voyions des figures étonnées, mais tout-à-fait amicales. Les vieilles femmes et les jeunes avec leurs enfants à la mamelle, les jeunes filles et les jeunes garçons, sans en oublier les enfants, tout était dans les barques, faisant le tour du navire à plusieurs reprises pour le bien examiner. Pendant que nous étions en appareillage, dans la soirée, une barque nouvelle accostait la frégate et apportait du bois et de l'eau.

Une des choses les plus curieuses fut le changement subit d'une espèce de petit mandarin, en sortant de son village (appelé *So*), au fond de la baie ***Sats'ka*** : il vint au-devant de la baleinière du commandant en nous faisant signe de nous éloigner. Au lieu de l'écouter nous lui dîmes d'aller voir la frégate, et nous continuâmes notre excursion. A notre retour, nous le revîmes sur la frégate; mais cette fois au lieu de penser à nous inviter à nous retirer, il faisait des salutations à droite et à gauche, joignait les mains et poussait des cris d'exclamation à chaque pas. Lorsqu'il se trouva, lui et ses deux compagnons, en face d'une belle glace, il ne sut plus comment se tenir et exprimer ses sentiments.

Une autre espèce de magister de village m'amusa beaucoup. Il ne connaissait en fait d'étrangers que les Américains. A la vue d'un papier sur lequel se trouvaient quelques caractères japonais, il ne put s'empêcher de manifester son étonnement. Mais quand je lui mis sous les yeux le ***Tchoung-young***[1], en chinois et en japonais, il ne se posséda plus. Il se mit à parler avec ses camarades, puis il

---

[1] C'est-à-dire l'Invariabilité dans le milieu, ouvrage de Confucius et de son disciple Tseu-sse.

regardait le livre, puis il me regardait en me disant qu'à Tsou-sima, on n'avait point ces précieux ouvrages. Il me demanda ensuite où je l'avais trouvé, et fut on ne peut plus surpris en apprenant que je l'avais acheté au Japon.

Les visites réitérées de la frégate auront donné une grande idée de la France à ces insulaires, et elles nous ont convaincus de plus en plus de la bonne disposition des Japonais pour les étrangers, disposition refoulée par un gouvernement orgueilleux et tyrannique.

Voilà, bien cher monsieur, un aperçu d'un voyage de trois mois, dans des pays presque inconnus. Dieu veuille bénir nos efforts et seconder nos projets! Bientôt, je l'espère, je vous écrirai du Japon même.

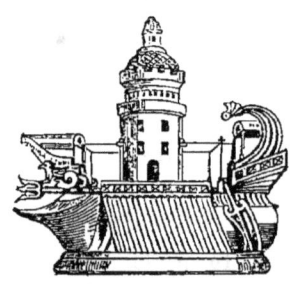

MANUEL

DE

PHILOSOPHIE JAPONAISE

MANUEL

DE PHILOSOPHIE JAPONAISE

traduit pour la première fois

Ce Traité élémentaire de philosophie japonaise, dont l'usage est fort répandu au Japon, est extrait du *Sin-kagami-gousa*. Sa lecture donnera une idée aussi exacte que possible des doctrines actuellement répandues parmi les Japonais, qui sont les peuples les plus avancés de toute l'Asie orientale. On y remarquera une grande conformité avec les doctrines chinoises auxquelles les Japonais ont beaucoup emprunté, surtout en ce qui regarde la philosophie et la religion de la classe lettrée. Il n'est guère possible de fixer la date de la rédaction primitive du livre dont nous publions ici la première version française, bien que nous soyons autorisés à la reporter à une époque postérieure au dixième siècle de notre ère.

TRADUCTION FRANÇAISE.

Le ciel et la terre sont les père et mère de toutes choses. L'homme est la plus honorable créature, il est particulièrement l'enfant du ciel et de la terre ; c'est pourquoi il doit servir continuellement le ciel et la terre, et reconnaître de toute espèce de manières les bienfaits infinis du ciel et de la terre.

Tout homme doit conserver cela dans son cœur et ne jamais l'oublier. Il doit se conformer au cœur du ciel et de la terre ; c'est là la voie de l'homme. Un enfant sans piété filiale réussira difficilement ; à plus forte raison, l'homme, enfant du ciel et de la terre, ne réussira pas s'il leur résiste.

Si l'homme naissait deux fois, et que, par paresse, il ne suivît pas la voie la première fois, lorsqu'il redeviendrait homme, il pourrait avec raison compter sur le temps ; mais puisqu'il ne peut obtenir de naître deux fois, il doit s'appliquer à se bien gouverner et à vivre en homme ; il ne doit pas laisser écouler cette vie en vain.

Tout homme doit savoir la voie, et si l'on veut connaître cette voie de l'homme, il faut étudier la *doctrine du Saint*, qui est le modèle de l'homme.

Si l'homme n'étudie pas les enseignements du *Saint*, il n'est pas dans la voie de l'homme, il est semblable aux animaux ; il n'est point la perle de toutes choses, il n'y a pas pour lui d'avantage à être né homme.

Pourquoi étudier ? c'est pour apprendre *la voie* ; si on sait la voie, c'est pour la pratiquer. Tous les hommes doivent étudier pour apprendre la voie et la pratiquer ensuite.

Si on pense à étudier, il faut dès le commencement prendre une résolution forte de bien étudier, suivre de bons maîtres et fréquenter de bons amis.

Pour l'étude, il faut d'abord prendre une résolution, c'est-à-dire avoir la ferme résolution d'avancer, de *savoir la voie*, de devenir sage, de ne jamais être lâche, et de ne pas se lasser. Si on ne prend pas une ferme résolution, on n'arrive pas à la perfection. Avoir pris une ferme résolution, c'est avoir fait la moitié du chemin. Dans toute chose, il faut avoir un but ; prendre une résolution, c'est la base de l'étude. Cela demande de l'énergie; si on agit avec lâcheté, on est incapable d'apprendre ou d'agir.

Pour arriver au but, il faut une résolution bien déterminée ; on ne doit pas distraire son cœur en s'appliquant à des choses étrangères; ce serait perdre sa résolution de devenir sage par l'étude. Pour arriver à la perfection, il faut s'appliquer tout entier à son affaire ; c'est comme le chat qui guette la souris, comme la poule qui couve ses œufs.

Les arts sont le faîte, et l'étude de la raison est la base : un trop grand amour pour les arts fait perdre la résolution.

Tout homme qui aspire à la science, doit poser le fondement : le fondement c'est *l'humilité* : ne point se complaire en soi-même, ne pas s'élever au-dessus des autres, aimer à interroger les autres, respecter ses maîtres et ses bons amis, avoir de la capacité et des talents, et agir comme si on n'en avait pas, écouter attentivement les leçons, se réjouir des avertissements des autres, ne pas blâmer les autres et se corriger soi-même, c'est là l'humilité, c'est le fondement de l'étude... Si ce fondement existe, l'avancement dans le bien n'a point de limites.

Il y a plusieurs genres d'étude ; il y a l'étude *des préceptes anciens* ; l'étude de l'histoire, de la littérature, et celle des lettres.

L'étude des lettres consiste à bien savoir le ciel, la terre, et l'homme, et à connaître la voie pour se gouverner soi-même et gouverner les autres ; si on étudie, il est bon de s'appliquer à cette étude, car si on ne connaît pas le chemin de la vertu, il est difficile d'y marcher... ; et les autres études ne doivent venir qu'en second lieu.

Il y a encore l'étude *des petites paroles*. Ceux qui s'y appliquent, n'aiment pas les autres études sérieuses ; ils mettent leur plaisir à lire toute espèce de variétés, de choses extraordinaires. Étant comparée aux autres études, elle ne mérite pas le nom d'étude.

D'ailleurs, ils ont toujours visé plus haut que le but pour réussir ; ayant ainsi fixé son but, si chaque jour et chaque mois on agit avec soin, on finira par l'emporter sur les autres.

Cependant le cœur devra s'humilier et se placer au-dessous des autres, car si le cœur s'élève et se confie en lui-même, il n'est pas vigilant et ne fait point attention aux petites choses.

L'étude fait de la *science et de l'action* deux choses nécessaires ; si on ne fait pas ce que l'on doit faire, la science est inutile, il faut savoir avant d'agir ; mais le savoir, c'est pour agir.

Néanmoins, l'action est plus importante que le savoir, ces deux choses ne doivent pas se séparer ; c'est comme les deux ailes de l'oiseau, comme les deux roues d'un char.

Si on veut diviser le travail de l'étude, on trouvera cinq opérations :

1° *Étendre ses connaissances*, en étudiant les livres des maîtres, en écoutant les autres, en examinant le passé et le présent.

2° *Interroger minutieusement* des amis et des savants sur les choses douteuses.

3° *Réfléchir soigneusement*, c'est-à-dire être calme et réfléchir avec soin sur ce qu'on a déjà appris, afin de bien comprendre et de se l'approprier.

4° *Distinguer clairement* les limites du bien et du mal, du vrai et du faux.

5° *Agir avec ardeur* et avec soin, et mettre en pratique ce qu'on a appris, en veillant sur ses actions et sur ses paroles. Les fautes deviennent rares en se gouvernant bien.

L'étude est la voie pour corriger ce que l'on a de mauvais ; et nous devons chercher à nous instruire en choisissant de bons amis, en les fréquentant et en écoutant les censures ; il ne faut ni se rechercher soi-même, ni être suffisant.

Celui qui étudie doit s'attrister du non-progrès dans la vertu.

Si on veut bien savoir, il faut agir avec soin, et ne pas juger à la légère, comme les hommes peu profonds qui forment un jugement avec précipitation. En perçant la peau, on voit la chair ; en perçant la chair, on voit les os ; en perçant les os, on voit la moelle ; c'est ainsi qu'il faut examiner les questions qu'on étudie.

La véritable étude, c'est celle qui se fait pour se gouverner soi-même et non pas pour être connu des autres.

Le sage lettré n'étudie que pour se gouverner lui-même, c'est la science *vraie*. Le méchant lettré n'étudie que pour être connu des autres, pour obtenir de la réputation, c'est la science *fausse*. Si après avoir étudié on devient mauvais, c'est déplorable. — Lorsqu'on étudie, on doit prendre pour principale résolution d'utiliser pour soi-même, et de mettre en pratique ce qu'on apprend.

Si, en lisant tel livre, vous y lisez qu'on déteste les ***mauvaises odeurs***, et qu'on aime les *belles couleurs*; pour utiliser cette pensée, vous vous direz : il faut détester le mal comme on déteste les mauvaises odeurs, et aimer le bien comme on aime les belles couleurs.

Si, en lisant tel autre livre, vous y voyez quelqu'un qui fait tous ses efforts pour honorer ses parents, et qui se sacrifie pour son prince, il faut profiter de cette lecture pour bien honorer ses parents et pour être fidèle à son prince. Pour toutes choses, il faut agir ainsi ; cela s'appelle utiliser la lecture.

Quand même vous liriez beaucoup de livres, si vous ne les utilisez pas, c'est une étude inutile. D'ailleurs, après avoir étudié beaucoup de choses et en avoir étudié minutieusement le sens, il faut les résumer.

Chaque soir *on examine les fautes de la journée* pour les corriger le lendemain; chaque jour le travail avancera; dans un mois il y aura l'ouvrage de trente jours; chaque année aura trois cent soixante jours entiers; de cette manière on avancera dans la vertu et dans la science, et on aura une joie indicible; tandis que si on ne se corrige pas, si on reste négligent, on finit sa vie en restant toujours ignorant. Que cela est triste !

Si on s'applique ainsi tous les jours sans s'arrêter, au bout de dix ans le résultat sera grand, on sera à la moitié de ses études littéraires.

Dans toute chose, si on veut trouver le bonheur, il ne faut pas être paresseux en commençant ; cela est surtout vrai pour l'étude : l'homme qui se gêne dans la jeunesse, jouit d'un grand bonheur dans la vieillesse.

Dès la jeunesse, il faut être avare du temps et ne pas le dissiper à des choses inutiles et frivoles. Si l'homme ne peut étudier dans l'enfance, ni dans la vieillesse, ni dans la maladie (d'ailleurs presque tous ont à s'occuper d'affaires de famille), il reste donc peu de temps pour étudier. Perdre ce peu de temps par la paresse et par des occupations frivoles, c'est le comble de la folie ! Puisque le temps ne revient pas, il ne faut pas en perdre un instant.

De toutes les choses précieuses pour les hommes, il n'y en pas *comme le temps* ; c'est pourquoi ce temps doit être ménagé plus que l'or et les pierres précieuses. Celui qui ne ménage pas le temps n'aura ni science, ni bonnes œuvres, ni habileté.

Dans la jeunesse, comme on ne s'occupe pas d'affaires, on a beaucoup de temps; l'activité et la force sont dans toute leur vigueur; la mémoire est heureuse, on retient facilement et longtemps ce qu'on voit et ce qu'on entend ; aussi, si on s'applique à cet âge, les résultats sont grands ; la force de l'âge ne revient pas deux fois, un seul jour n'a pas deux matins ; il faut donc s'efforcer de profiter du temps présent. Si on ne s'applique pas dans sa jeunesse, on s'en repent dans sa vieillesse !

Les enfants des grands et des peuples, des ministres et des simples citoyens, commençaient *la petite étude* à huit ans. Dans cette étude, on y apprenait à honorer ses parents, à respecter ses frères aînés, à recevoir les hôtes, à être utile à la maison et à converser. On recevait encore des leçons de politesse, de musique, de tir à l'arc, de manége, d'écriture et d'arithmétique ; c'était là l'occupation de l'enfance et de la jeunesse.

La *grande étude* succédait à celle-ci ; on la commençait à quinze ans. C'est l'étude importante de se gouverner soi-même et de gouverner les autres. *Se gouverner soi-même*, c'est régler l'intérieur, rectifier son cœur et diriger son corps. En résumé, la *grande étude*, c'est l'étude de la raison.

Dans l'étude, il y a deux devoirs à remplir : 1° apprendre ce qu'on ne sait pas ; 2° lorsqu'on sait, mettre en pratique.

L'homme le plus savant, si son cœur et ses actions sont mauvaises, est inférieur à l'ignorant.

Le matin, on s'instruit, auprès du maître ; dans la journée, on étudie avec soin ce qu'on a appris le matin; dans la soirée, on repasse peu à peu ces choses ; et le soir, examinant les actions de la journée, si on ne trouve pas de fautes, on dort tranquillement pendant la nuit ; s'il y a des fautes, il faut s'en repentir et prendre ses précautions pour le lendemain.

Quand j'étudierais sérieusement, quand je saurais parfaitement les choses des empires anciens et modernes, si je ne corrige pas mes fautes, si je ne fais pas le bien, c'est une chose inutile.

L'une des règles de l'étude, c'est d'honorer ses maîtres ; quoique l'on soit dans une dignité élevée ou prince, il ne faut jamais mépriser son maître.

Quoique l'on parle bien de la justice et qu'on l'aime intérieurement, quoique l'on se mortifie, si on ne met pas en pratique la justice et l'humanité, si on fait le bien sans être utile aux autres, c'est une science inutile.

Si, pour faire une pièce de vers, vous dépensez beaucoup de temps, si vous vous donnez beaucoup de mal, si même vous obtenez des applaudissements des hommes ; si, d'un autre côté, vous ne suivez pas chaque jour la voie de l'honneur, vous n'avez aucun profit, c'est une chose vaine.

Si on étudie c'est pour devenir sage ; être *sage*, c'est être homme.

Si on veut corriger ses défauts et ses erreurs, il faut fréquenter des maîtres intelligents et de bons amis.

Le moyen d'étendre ses connaissances c'est d'interroger les autres sur ses doutes, et de réfléchir pour acquérir une connaissance profonde de la vérité. Interroger et réfléchir sont deux choses nécessaires pour l'étude.

Il faut rechercher seulement la réalité de l'étude de la vérité ; si on envie le seul titre de sage et qu'on n'en aie pas la réalité, il n'y a pas de profit.

Les étudiants qui se livrent à la littérature et au bon style sont nombreux ; tandis que ceux qui s'appliquent à employer leur cœur à pratiquer la vertu et la piété filiale sont peu nombreux. Les premiers perdent le fruit principal de l'étude. Ne pas s'appliquer à la vertu ou à la piété filiale pour s'adonner à la littérature, c'est comme rejeter le vin pour le marc.

Celui qui étudie les sciences vulgaires et légères du monde, quand il s'appliquerait jusqu'à la fin de sa vie, il lui sera difficile de savoir la voie.

Le grand parleur qui se complaît à faire briller son talent, qui se confie dans ses connaissances, s'éloigne de la voie.

La plupart des hommes aiment les arts et n'aiment pas la science ; les arts sont comme les branches et les feuilles de l'arbre, tandis que la science en est le tronc et la racine.

Dans la jeunesse, il faut voir beaucoup de livres et apprendre les arts ; dans l'âge viril (du milieu) et au delà on calme son ardeur pour voir beaucoup, on savoure doucement l'essence des livres, on étudie mûrement la raison et on cherche à conserver la *vertu* dans son cœur.

Quoi qu'il en soit, de même que celui qui tire l'arc se propose un but dès le commencement, de même que le voyageur se propose en partant, d'arriver à la maison, on doit, dès le commencement, élever haut sa résolution et *prendre le Saint pour modèle.*

S'il s'agit de suivre l'étude (la voie) en commençant par ce qui est inférieur et journalier, on monte *peu à peu* et on finit par arriver à ce qui est élevé ; vouloir franchir d'un seul saut les degrés de la science, c'est vouloir s'élever en l'air sans ailes.

Dans toutes choses si on ne va pas graduellement, il est difficile d'arriver à la perfection. Les hommes qui passent leur vie à lire les *livres du Saint,* et à aimer sa doctrine, l'emportent véritablement sur tous les autres.

Si les hommes du commun méprisent l'étude, c'est parce que les étudiants quoiqu'ils s'instruisent ne suivent pas la voie, mais au contraire se vantent, méprisent les autres..... Si on étudie ainsi, il n'y a pas de profits, les étudiants doivent veiller sur eux et s'examiner.

Lorsqu'on étudie, si on ne devient pas meilleur, c'est bien triste.

Si je me glorifie de ma science et de ma capacité et que je méprise les autres, c'est nuire à ma vertu par mes talents..... Il vaudrait mieux n'avoir pas de talent que d'avoir les défauts de ce genre.

Si on étudie et si on n'est pas vertueux, la faute est beaucoup plus grave que celle d'un méchant sans science.

S'il y a des étudiants de cette sorte, ils déshonorent la science ; il faut veiller avec soin et prendre garde de donner aux méchants l'occasion de mépriser l'étude.

Les étudiants doivent chaque jour s'appliquer à faire le bien... Il ne faut pas étudier pour obtenir le nom de savant : se fatiguer pour un nom, c'est vil.

Il ne faut pas cesser d'étudier même pendant le temps d'une respiration non terminée. Après la mort on se reposera.

PHILOLOGIE

VOCABULAIRE

HABITANTS DE LA BAIE DE JONCQUIÈRES

(Île Sakhalien ou Karafto.)

Le vocabulaire suivant recueilli par le Père Furet de la bouche même des indigènes de la baie de Joncquières est d'autant plus intéressant qu'il est, jusqu'à ce jour, le seul recueil de mots que nous possédions sur la langue de cette partie presque inconnue de la grande île de Karafto, île qui, naguère, dépendait politiquement de l'empire japonais quant au sud, et de la Chine quant à la partie septentrionale. Il nous paraît utile d'ajouter que ce vocabulaire diffère considérablement de ceux de Yéso, des Kouriles et même de Karafto, donnés par Klaproth dans son *Asia polyglotta,* pag. 504.

Un	*Nioun.*
Deux	*Morch.*
Trois	*Tchiortch.*
Quatre	*Mourtch.*
Cinq	*Tortch.*
Six	*'ngak'.*
Sept	*'ngameuk.*
Huit	*Minoutch.*
Neuf	*Nin'hbing.*
Dix	*Tchirmak.*

Homme	*Nioub'*.
Enfant	*Mats'loi*.
Frapper l'enfant	*Mast'loi-d'jant'*.
Cheveux	*Tchertch*.
Front	*Touh'*.
Yeux	*Ya*.
Nez	*Huih'*.
Oreille	*Gorch*.
Langue	*H'ilek'*.
Dent	*Gouitdj'*
Joue	*Gan*.
Barbe	*Oup*.
Poil des mains	*Goub'tski*.
Cou	*Gorch*.
Bras	*Tot'*.
Coude	*Toumouk*.
Main	*Tomouk*.
Pouce	*Pilen tougni*.
Index	*Ieskou pish*.
Doigt du milieu	*Outou pish*.
Doigt annulaire	*Mak'torgnes kou pish*.
Petit doigt	*Maktorgne*.
Ongle	*Toukigni*.
Peau	*Gameutch*.
Jambes	*Ouorch*.
Pied	*Goutch*.
Patte	*Natch*.
Queue	*Tchion'gamouk*.
Chevrons inférieurs du toit	*N'gach*.

Chevrons supérieurs *Pagnek.*
Cheville............ *Kiesch.*
Planche............ *Kolomoch.*
Veste de peau...... *Hok,* — *lentch.*
Veste de peau de chien............ *Kan hok.*
Pendants d'oreille.. *Mesk.*
Pantalon........... *Pagne.*
Souliers............ *Ki.*
Gant de peau...... *Ouamouk.*
Chien.............. *Kan.*
Tabac.............. *Tamouk'.*
Pipe............... *Tai.*
Couteau............ *Tchako.*
Fusil............... *Miotché.*
Bâton à porter..... *Tchamoutang.*
Chaîne en fer...... *Oudki.*
Cuivre............. *Tourch.*
Jarretière en cuir.. *Kirch.*
Collier (de chien).. *Kouazirof.*
Solive............. *Hierps'.*
Marteau............ *Tabous'.*
Corde.............. *Hisk.*
Pierre à feu........ *Gouck.*
Pierre .... *Pa'hk.*
Oiseau............. *T'rchath'.*
Amadou (bois pourri)............ *Yabarkhch'.*
Briquet............ *Toutch.*
Papier............. *H'aasot.*

Poudre (à fusil).... *H'orchth'*.
Rame............. *Koboun*.
Osier............. *Nakx*.
Ceinture.......... *Iouk bent'*.
Trou.............. *Kouti*.
Fente............. *Pétint'*.
Feuille (d'arbre)... *Planck'h*.
Roseau .... *Tipe*.
Nœud............. *Tou*.
Nœud de roseau.... *Tip'iou*.
Racine............ *Ouots'h*.
Vase (en écorce)... *Moulok'*.
Marmite .... *Ouangn'*.
Traineau.......... *Touh'*.
Corbeau........... *Uess, iiess* (?).
Briser............. *Mokhent'*.
Fumer............ *Pakpak*.
Aboyer .... *Ououtch*.
Mordre .... *Loukont'*.
Cracher........... *T'faent'*.
Dormir .... *Kotch*.
Racler............. *Rakenth'*.
Gratter........... *Hatkavent*.
Frapper........... *D'jant'*.
Trembler de froid.. *Ohentch Kourient'*.
Marcher.......... *Amamoutk*.
Courir............ *Kamotch*.
Glisser............ *Hiahant*.
Couper........... *Koubanth'*.
Tomber .... *Potenth'*.

Vocabulaire aïno

de Hakodadé

Ciel. . . . . *Rikta.*
Etoile. . . . . *Notch.*
Nuage. . . . . *Nich.*
Tonnerre. . . . . *Kanna-Kamoui.*
Vent. . . . . *Ira.*
Pluie. . . . . *Apto.*
Neige. . . . . *Oubach.*
Hiver. . . . . *Mata.*
Feu . . . . *Ountchi.*
Eau . . . . *Wakka.*
Océan . . . . *Rour.*
Mer . . . . *Atouï.*
Ile . . . . *Chiri*
Montagne. . . . . *Kimoro.*
Rivière . . . . *Pet.*
Cours d'eau. . . . . . . *Ouchi.*
Homme. . . . . *Chicham, gourr.*
Tête. . . . . *Chapa.*
Joues. . . . . *Noutakam.*

OEil	*Chik.*
Nez	*Itou.*
Bouche	*Tchara.*
Dents	*Ima.*
Epaule	*Tapka.*
Poitrine	*Chambi.*
Main	*Tek.*
Pied	*Tsikirr.*
Chair	*Kam.*
Sang	*Kem.*
Cœur	*Chambi.*
Ame	*Ram.*
Bon	*Pirka.*
Maison	*Koutcha.*
Papier	*Kambi.*
Arc	*Gou.*
Ours	*Ogouyouk.*
Chat	*Nigo.*
Chien	*Chita.*
Plante	*Mouni.*
Pierre	*Chouma.*
Or	*Koukani.*
Argent	*Chrogani.*
Cuivre	*Fourigani.*

VOCABULAIRE

DE LA

Tribu des Yak.

Ciel............. *Takka.*
Vent............. *Tadoune.*
Neige............ *Noumone.*
Pluie............ *Tidetide.*
Soleil........... *Dalgoune.*
Lune............. *Dalgounouta.*
Etoile........... *Chikka.*
Terre............ *Tsare.*
Mer.............. *Rame.*
Montagne......... *Bag.*
Pierre........... *Tchak.*
Homme............ *Boyak.*
Père............. *Tata.*
Mère............. *Mana.*
Fils............. *Ouda.*
Tête............. *Kille.*
OEil............. *Kaze.*
Nez.............. *Malâne.*
Bouche........... *Agga.*

Main	*Hinte.*
Pied	*Argak.*
Chien	*Inkine.*
Rat	*Birbri.*
Oiseau	*Gouche.*
Poisson	*Tolgo.*
Rouge	*Kara.*
Couleur de l'eau	*Djoroun.*
Jaune	*Or.*
Blanc	*Bagdar.*
Noir	*Koungourre.*
Arc	*Chabi.*
Flèche	*Dzire..*
Coutelas	*Katane.*
Vase de bois	*Ache.*
Nourriture	*Chouchouk.*
Arbre	*Ko.*
Feuille	*Zirko.*
Racine	*Ouche.*
Planche de bois	*Kalmouk.*
Bon	*Youg.*
Méchant	*Tchaki.*
Grand	*Baké.*
Petit	*Youge.*
Fort	*Stroïne.*
Or	*Kuramougi.*
Argent	*Bagdamougi.*
Cuivre	*Jarite.*
Fer	*Soulou.*

Vocabulaire coréen

DE LA BAIE DE BROUGTON.

Ciel.............. *Hânar.*
Soleil............. *Nâr.*
Lune............. *Tar.*
Étoile............. *Pyœr.*
Nord............. *Pouk-nyœk.*
Est............... *Tong-nyœk.*
Sud.............. *Nâm-nyœk*
Ouest............. *Syœ-nyœk.*
Tonnerre.......... *Oure.*
Éclair............. *Pœn-kai.*
Vent.............. *Pârâm.*
Brouillard......... *an-kaï.*
Nuage............ *Kouroum.*
Pluie............. *Pi.*
Neige............. *Noun.*
Glace............. *OEroum.*
Arc-en-ciel........ *Moutsi-ke*
Aurore............ *Sápe.*
Matin............. *âts'âm.*
Midi.............. *Nâs.*
Soir............... *Tse-syœk.*
Crépuscule........ *Tsyâ-mour.*
Nuit.............. *Pâm.*
Froid............. *Sœ-nour.*

VOCABULAIRES.

Chaleur	*Tœ-our.*
Année	*Haï.*
Printemps	*Pom.*
Été	*Nyœroum.*
Automne	*Kaur.*
Hiver	*Kyœ-or.*
Terre	*Stâ.*
Montagne	*Moï.*
Champ	*Tour.*
Pierre	*Tor.*
Royaume	*Nara.*
Capitale	*Motour.*
Mer	*Pâtà.*
Rivière	*Nâi.*
Ile	*Syœm.*
Pont	*Tari.*
Homme	*Sâràm.*
Père	*âpi.*
Mère	*OEmi.*
Époux	*Tsiâ pi.*
Épouse	*àn-haï.*
Concubine	*Tsyœp.*
Mâle	*àm.*
Femelle	*Sou.*
Tigre	*Pœm.*
Ours	*Kom.*
Loup	*Ir-hi.*
Cheval	*Mâr.*
Ane	*Nâ-kwi.*
Chien	*Kâï.*

Chat............ *Koï.*
Porc............ *Tos.*
Brebis.......... *Yâng.*
Aigle........... *Souri.*
Poule........... *Tark.*
Ailes........... *Nar-kaï.*
Voler........... *Tar.*
Bec............. *Pouri.*
Plumage......... *Tsis.*
OEuf............ *âr.*
Dragon.......... *Mir.*
Tortue.......... *Kœpok.*
Poisson......... *Koki.*
Abeille......... *Pœr.*
Ver-à-soie...... *Noue.*
Insectes........ *Pœre.*
Serpent......... *Paï-yam.*
Fleur........... *Kos.*
Branche......... *Katsi.*
Racine.......... *Pourwi.*
Tige............ *Tsourki.*
Bambou.......... *Tâï.*
Rose............ *Tsyang-mi.*
Lotus........... *Liœn-hoa.*
Riz............. *Pyœ.*
Or.............. *Soï.*
Argent.......... *Oun.*
Cuivre.......... *Kouri.*
Étain........... *Tsyou-syœk.*
Jade............ *Ok.*

Langue lou-tchouane.

ORAISON DOMINICALE.

(Suivant la prononciation.)

Ouatta ouia tin nakaï mainchairere mono oundgiounou ou na aguitaï imixaie; oundgiounou kougnaié iouti mainxaié; oundgiounie iiisaie tinnou goutouchi djaini mamutaié inuchaïtaié ndi nigatoiabing; tkiouga figuinou hammaié ouattagni outabi michaiébiri ouattâia ouattagni tsimi itarou mounoukiagni iourouchabirou goutié, ouatta tsimaïé iourouki kiïi michai biré; ouatta yâna ouâzankoï chimiti kiïi michonna; agnaïé sangxi ouazaiiaieiaié ndaié ouatta soukouti kiïi michaiébiri. Ang naï iabitaïé. Amen.

N.-B. Les expressions *michaïé, michaïébiri* sont des mots honorifiques, correspondant au japonais *tamafou, tamayé.*

生

TABLE DES MATIÈRES

Introduction, par E. Cortambert v

I. — La Grande île Lou-tchou 1
Nombre de villes. — Population. — Dépendance politique. — Gouvernement. — Langue. — Caractère des habitants. — Costume. — Climat. — Cultures. — Flore. — Faune. — Fossiles.

II. — Les lettrés de Lou-tchou 23
Deux académies ou colléges chinois et lou-chouan. — Education. — Condition des lettrés. — Difficultés des livres japonais. — Les maîtres de japonais et de lou-tchouan. — Intelligence de certains passages de l'*Invariabilité dans le milieu*. — Les lettrés attendent l'arrivée d'un saint, annoncée par Confucius.

III. — Une excursion a Lou-tchou .. 31
Ruines d'un ancien château-fort. — Incendies à Lou-tchou. — Prière au diable. — Marché de Nafa. — Les femmes font le commerce et les maris se reposent.

IV. — Le détroit de Mats-mayé (*nord du Japon*) 41
Ting-haï. — Détroit de Sangar. — Hakodadé. — Ses habitants. — Mats-mayé. — Le gouvernement japonais et la France.

V. — La baie du Barraconta (*Tartarie orientale.* — *Manche de Tarakaï*)....... 54

La baie du Barraconta, — La guerre anglo-française contre la Russie. — Aspect général du sol. — Cabanes tartares. — Ameublement. — Nourriture. — Climat. — Végétation. — Cercueils tartares.

VI. — La baie de Joncquières (*Côte occidentale de l'île de Krafto ou Tarakaï*). 71

Baie de Castris. — Habitations de la baie de Joncquières. — Indigènes. — Aspect général du pays. — Forêts. — Végétaux. — Oiseaux. — Poissons. — Fossiles. — Gisements de houille. — Baie de Saka (Tsou-sima). — Caractère des Japonais. — Incidents divers.

APPENDICE.

Traité de philosophie japonaise, traduit pour la première fois en français... 87

PHILOLOGIE.

Vocabulaire des habitants de la baie de Joncquières (île Sakhalièn ou Krafto). 107

Vocabulaire aïno de Hakodadé....... 111

Vocabulaire de la tribu des Yak..... 113

Vocabulaire coréen de la baie de Brougton........................... 115

Oraison dominicale en langue Loutchouane............................ 118

FIN.

Paris. — Typ. H. Carion, 64, rue Bonaparte.

www.ingramcontent.com/pod-product-compliance
Lightning Source LLC
Chambersburg PA
CBHW060154100426
42744CB00007B/1031